JN087158

こんなにおもしろい
税理士の仕事

第4版

湊 義和
MINATO Yoshikazu

Certified
Public
Tax
Accountant

中央経済社

第4版改訂にあたって

　今回の改訂では，日本が解決しなければならない課題とは何か，そして，その課題を解決するために，税理士という専門家はどのような役割を果たさなければならないのか，そして，税理士業界の将来性は果たしてどうなのかということを大きなテーマとして，大幅に加筆修正をしました。

　具体的には，第1章「これからの税理士のミッション」，第7章「税理士業界の将来性」という章を新設して，上記について述べることにしました。

　私は大学を卒業後，政府系金融機関で社会人経験をスタートし，その仕事を通じて税理士を志しました。31歳で会計事務所に転職し，38歳で独立開業して以来，この業界で仕事をさせていただいています。

　その当時から今に至るまで，「やっぱりこの仕事を選んで良かった！」という想いは変わっていません。その想いを込めて，本書を書いたつもりです。

　この序文を書いている令和3年（2021年）2月は，新型コロナウイルス感染症に対する緊急事態宣言下にあり，多くの中小企業者が，非常に厳しい環境の中で必死に頑張っておられます。

　今までも，リーマンショックや東日本大震災など，過去経験したことのない大きな出来事が発生しました。そして，このような出来事が発生するたびに，さまざまな支援制度が新設され，その支援制度の実行部隊として，税理士に白羽の矢が立ってきました。

　つまり，私が税理士を志したころに比べて，税理士という制度がはるかに重要な社会制度となっていることを実感しています。

　なぜ，税理士への期待が大きいのでしょうか？　それは，税理士が，日常的に事業者の経営数値に触れながら仕事を行っているからです。税理士は，毎月の経営資料の作成や指導を通じて，常に経営者と一緒に仕事をするポジションにいる専門家という特徴があります。今日のように環境の変化の激しい，また，災害などの突発的な出来事が起こる世の中では，相手のことをよく知っていなければ，迅速，かつ適切な対応はとれません。まさに，税理士は「経営者のか

かりつけ医」だからこそ，どうすれば良いかをすぐに判断できるわけです。

　これから人口減少が本格化する社会においては，税理士業界はレッドオーシャンではないかと思っている方もおられるかもしれません。しかし，それは，今までの仕事の範囲から眺めた話だと思ってください。税理士というポジションで，これからの社会問題を解決しようと考えた場合，むしろ必要な人材が全く足りないというのが実感です。

　是非，本書を一度お読みいただき，税理士の仕事の奥深さをのぞいてみてください。

　最後に，第4版の刊行にご尽力いただいた中央経済社の市川雅弘氏，そして，いつもさまざまなサポートをして，本書の改訂作業に協力してくれた事務所のスタッフ一同に深く感謝を申し上げたいと思います。

2021年2月18日

税理士　湊　　義　和

はしがき

　最近の会社経営で重要なのは，「選択と集中」だと言われます。会社が安定的に成長していくには，いろいろなことに手を出すのではなく，自分の一番得意な分野や自分が一番やりたいことに集中していくことがとても大切だということです。

　これは，個人の人生においても，同じことが言えるのではないでしょうか。八方美人ではなくて，自分の本当に好きなこと，本当にやりたいことに自分のエネルギーを集中させて取り組んでいくことによって，実りの多い人生を送れるのだと思います。

　では，この本でご紹介する「税理士」という仕事は，人生を賭けて取り組む価値のある仕事なのでしょうか。もし，私がそう聞かれたら，「大丈夫です。その価値は十分にあると思いますよ」とお答えしたいと思います。

　もちろん，税理士という資格を取った瞬間からそういう実感は持てないかも知れませんが，常に前向きにいろいろなことにチャレンジしていく努力を重ねていけば，必ず「この仕事はなんて幅が広くて面白いんだろう！」と思っていただけるはずです。

　逆に言うと，税理士という仕事はとても厳しい仕事といえるかも知れません。頑張っている人には，さまざまな経験や知識を得るチャンスをいっぱい運んで来てくれますが，さぼっていると不安と衰退しか運んで来てくれなくなってしまう仕事だからです。

　税理士の仕事は，単に税金を計算することではありません。詳しくは本書の中で確認していただきたいのですが，税理士の仕事の本質は，机上で税金計算をすることではなく，経営者と本気で向き合って，経営の悩みを共有して，一生懸命に智恵を出して，さまざまな困難な課題を一緒に乗り越えていく仕事なんだと思います。つまり，とても人間臭い仕事なのです。

　税理士の仕事が面白いのは，この人間臭さなのかも知れません。同じような事案でも，その人の価値観や人生観により，良かったと思える解決策は異なっ

てきます。

　つまり，相手の方の気持ちを深く理解しなければ，正解が見つからない仕事なのです。経営者と人生を共有する仕事と言えるかも知れません。

　企業経営を長く続けていると，良い時期も悪い時期もあります。好調な時期には積極的な経営を目指していくわけですが，こんな時には参謀役である税理士は，もし社長の描いたプラン通りに行かなかった場合にはどうすべきかと思いをめぐらし，不調な時期には回復するにはどんなアドバイスが有効なのかについて，思い悩むのが仕事だとも言えます。

　皆さんもご存知のように，最近は制度や法律の改正が矢継ぎ早に行われて，社会制度が大きく変わろうとしている時期です。これに合わせて，税理士の世界でも，従来なかったようなさまざまな仕事やサービスが生まれてきており，仕事が大きく広がってきています。

　もちろん，変化が多い時期には，多くのことを勉強していかなければなりませんが，税理士という仕事が，従来にも増してやりがいのある仕事になってきていることは間違いありません。

　ぜひ，さまざまな方々が，本書をきっかけに税理士という仕事に興味を持っていただき，一人でも多くの人がこの業界に入ってきていただけることを願っています。

　最後に，本書の執筆に当たり，いつも原稿の納期の延長をお願いしながら，辛抱強く対応していただいた中央経済社の松田さん，原稿の執筆のために，さまざまなサポートをしてくれた事務所のスタッフ一同に感謝申し上げたいと思います。

2007 年 8 月

税理士　湊　義和

目　次

第1章　これからの税理士のミッション

第2章　税理士ってどんな人？

第3章　税理士の仕事っておもしろい？

① 税理士の権利と義務 …………………………………… 42

② 税理士の具体的な業務……………………………………… 50

第4章　税理士試験に合格するには？

第5章　会計事務所就職アドバイス

第7章　税理士業界の将来性

第1章
これからの税理士のミッション

　今，日本は大きな社会構造変動の中にあります。それは，2008年にピークアウトした日本の総人口の減少スピードが速まり，かつ，少子化により若年層の増加が見込めないため，総人口に占める高齢者の割合が今後急速に上がることです。特に，税理士を目指す人に注目していただきたいのは，生産年齢人口数が，総人口よりずっと早い1995年に既にピークアウトしており，今後，急速に減少する見込みであるという事実です。

　生産年齢人口とは，年齢15歳から64歳までの人口のことをいい，いわゆる「現役世代」として，給料等を稼いで，社会保険料の負担を通じて，引退した高齢者を支える人たちのことです。

日本が解決しなければならない課題

　今，日本は大きな社会構造変動の中にあります。それは，2008年にピークアウトした日本の総人口の減少スピードが速まり，かつ，少子化により若年層の増加が見込めないため，総人口に占める高齢者の割合が今後急速に上がることです。特に，税理士を目指す人に注目していただきたいのは，生産年齢人口数が，総人口よりずっと早い1995年に既にピークアウトしており，今後，急速に減少する見込みであるという事実です。

　生産年齢人口とは，年齢15歳から64歳までの人口のことをいい，いわゆる「現役世代」として，給料等を稼いで，社会保険料の負担を通じて，引退した高齢者を支える人たちのことです。

　税理士の仕事は経済活動の中核にいる企業の経営を支えることですので，その企業の担い手である生産年齢人口が今後急減するという事実をしっかり捉えておく必要があります。

　では，実際にどれくらいのインパクトがあるのでしょうか？

　「高齢社会白書」（令和2年版）によれば，令和2年（2020年）の生産年齢人口は7,406万人ですが，これが，2040年には5,978万人（1,428万人減少，2020年比20％減少）となり，2060年には4,793万人（2,613万人減少，2020年比35％減少）となります。一方，65歳以上の高齢人口は2020年で3,619万人（全人口に対する高齢化率28.9％）ですが，これが，2040年には3,920万人（高齢化率35.3％）となり，2060年には3,541万人と若干減少しますが，総人口が減少を続けるので，高齢化率は38.1％とさらに上昇すると想定されています。

　今の日本の社会保障制度は，生産年齢人口の人たちから拠出を受ける社会保険料と税金により高齢者の社会保障負担を賄う仕組みです。これを生産年齢人

【表1】 日本の人口推移と将来推計人口

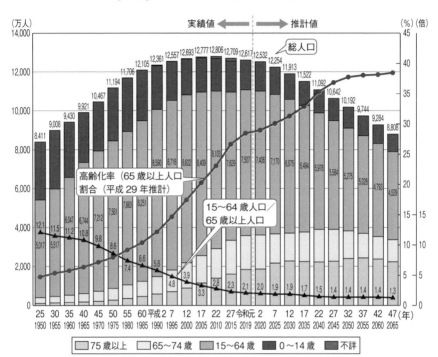

資料：棒グラフと実線の高齢化率については，2015年までは総務省「国勢調査」，2019年は総務省「人口推計」
（令和元年10月1日確定値），2020年以降は国立社会保障・人口問題研究所「日本の将来推計人口（平成
29年推計）」の出生中位・死亡中位仮定による推計結果。

(注1) 2019年以降の年齢階級別人口は，総務省統計局「平成27年国勢調査　年齢・国籍不詳をあん分した人口
（参考表）」による年齢不詳をあん分した人口に基づいて算出されていることから，年齢不詳は存在しない。
なお，1950～2015年の高齢化率の算出には分母から年齢不詳を除いている。ただし，1950年及び1955
年において割合を算出する際には，(注2) における沖縄県の一部の人口を不詳には含めないものとする。

(注2) 沖縄県の昭和25年70歳以上の外国人136人（男55人，女81人）及び昭和30年70歳以上23,328人（男
8,090人，女15,238人）は65～74歳，75歳以上の人口から除き，不詳に含めている。

(注3) 将来人口推計とは，基準時点までに得られた人口学的データに基づき，それまでの傾向，趨勢を将来に向
けて投影するものである。基準時点以降の構造的な変化等により，推計以降に得られる実績や新たな将
来推計との間には乖離が生じるものであり，将来推計人口はこのような実績等を踏まえて定期的に見直
すこととしている。

(出典：「高齢社会白書」令和2（2020）年版，内閣府)

口と高齢者人口の人数比に計算すると，2020年では，2人（生産年齢人口に属する2人で高齢者1人を支える）ですが，2040年には1.5となり，2060年には1.4となる見込みです。2000年では，3.9人で支える計算でしたので，2020年までの20年間で負担率は，約2倍に増加しています。

仮に，高齢者1人の社会保障費が一定だとすると，2020年には，2000年比で，2倍以上給与等の収入が増加していないと手取り収入が減って生活が苦しくなる計算となります。

しかし，残念ながら，最近20年間の日本の給与水準は全く上昇していません。国税庁が毎年公表している「民間給与実態統計調査」によれば，平成11年（1999年）の平均給与額は461万円でしたが，令和元年（2019年）は436万円です。つまり，20年間で平均給与額は上昇どころか減少してしまっています。

つまり，今日本は，これから生じる大きな社会問題に対して，持続可能なグランドデザインを描かないまま進んでいるといえます。

このような状況に対して，さまざまな専門家が提案を行っていますが，長年中小企業支援に従事してきた私にとって，とても大きなインパクトを感じた問題提起があります。それは，イギリス人でありながら，日本の国宝や重要文化財の補修を手がける会社の経営者であるデービッド・アトキンソン氏からの問題提起です。アトキンソン氏は，今の日本の産業政策は人口が増加していた時代にできた制度であり，その制度に過剰対応していることに日本の社会の行き詰まりの真の原因があるとしています。具体的には，人口増加時代の生産年齢人口増加に合わせて，その雇用を吸収するためにうまく働いた企業増加政策が，人口減少時代には逆に，企業数の過多による生産性の低下を招いていると指摘しています。つまり，今の日本低迷の根本原因は企業数の大部分を占める中小企業にあるとして，多くの実証分析等を基礎に指摘しています。[1]

今の日本は今後人口が急減するにもかかわらず，企業数が相対的に多すぎ，

1　詳しくは，デービッド・アトキンソン著『日本人の勝算』（東洋経済新報社，2019年），『日本企業の勝算』（東洋経済新報社，2020年），『国運の分岐点』（講談社，2019年）を参照してください。

過当競争による価格低下を招いている。その結果，企業（特に中小企業）は，従業員の昇給財源を確保するために必要な利益を確保できていない。働く人々は給与が伸びないにもかかわらず社会保険負担は増え，個人消費を増やせない，というデフレスパイラルから抜け出せていないと指摘しています。

　日本人は，とかくデリケートな問題や物事の本質に触れる問題に対して，感情論で対応する傾向がありますが，アトキンソン氏は，日本人は，もっと科学的な検証を行って，今日本が解決しなければいけない問題に正面から向き合うべきだと問題提起をしています。

（1）生産年齢人口と中小企業数の推移

　アトキンソン氏が，まずはデータで検証すべきとしていますので，税理士が事業の基盤としている中小企業数の推移と生産年齢人口の推移に相関関係があるかを検証してみます。1963年から2016年までの中小企業数と生産年齢人口の実績値の推移を比較したものが【表2】です。それぞれ調査年度が多少ずれていますが，全体のトレンドをつかむには影響はないと思います。中小企業数の2020年以降の推計値の計算方法は後で述べます。

【表2】生産年齢人口の推移

実績値 ←→ 推計値　　（単位：万人）

西暦	1965	1970	1975	1980	1985	1990	1995	2000	2005	2010	2015	2020	2025	2030	2040	2050	2060
生産年齢人口の推移	6,744	7,212	7,581	7,883	8,251	8,590	8,716	8,622	8,409	8,103	7,629	7,406	7,170	6,875	5,978	5,275	4,793

（出典：高齢社会白書）

中小企業数の推移

（筆者推計）

実績値 ←→ 推計値　　（単位：万者）

西暦	1963	1972	1977	1981	1986	1991	1996	2001	2006	2012	2016	2020	2025	2030	2040	2050	2060
中小企業数の推移	328	429	452	526	533	520	507	469	420	385	360	355	348	334	291	256	233

（出典：中小企業白書：2016年まで）

　両者の推移を比較するため，起点の年度（中小企業数＝1963，生産年齢人口＝1965）を1として，その後の増減を示すと以下となります。

【表3】生産年齢人口と中小企業数の推移

実績値 ←→ 推計値　　　　（単位：倍）

生産年齢人口	1	1.07	1.12	1.17	1.22	1.27	1.29	1.28	1.25	1.20	1.13	1.10	1.06	1.02	0.89	0.78	0.71
中小企業数	1	1.31	1.38	1.60	1.63	1.59	1.55	1.43	1.28	1.18	1.10	1.10	1.06	1.02	0.89	0.78	0.71

グラフにすると下記となります。

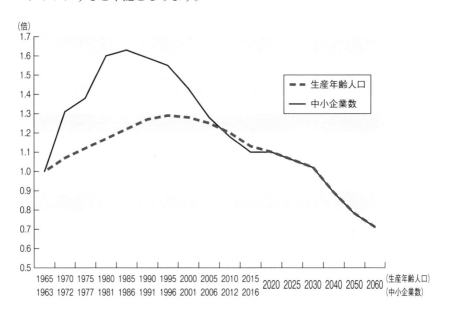

　両者の推移を確認すると，確かに生産年齢人口の増加に伴って，中小企業数が増加しており，しかも，その増加率は生産年齢人口の増加率を上回って推移していたことがわかります。これは，当時，生産年齢人口の増加スピードを上回るスピードで，多くの人たちが自営業者として起業し，増加する生産年齢人口の多くを雇用して吸収したと分析できると思います。つまり，1965年くらいから生産年齢人口がピークアウトを迎える1995年までは，中小企業は，増加する生産年齢人口の受け皿として大きな役割を果たしたと言えます。

　一方で，生産年齢人口が減少に転じた1995年以降，直近の2015年までの期間については，中小企業数も，個人事業主を中心に減少に転じてきており，

両者には約50年間にわたり，一貫して相関関係があることが確認できます。

　この生産年齢人口の減少率の将来推計値と同じ割合で，仮に中小企業数も減少すると推計して計算したデータが，【表2】の2020年以降の中小企業数の推移となります。あくまで，推計値ではありますが，2016年には360万者あった中小企業数は，2040年には291万者となり，2060年には233万者まで減少するという計算結果となります。[2]

　生産年齢人口の減少と中小企業数の減少に，それほど強い相関関係があるのかという疑問もあるかもしれません。ただ，税理士として，現場で中小企業支援に携わっている感覚では，強い相関関係があると実感しています。

　この原稿を書いている2020年は，新型コロナウイルスのパンデミックにより企業経営に大きな打撃が生じています。有効求人倍率は，2020年12月時点では1.0前後と急落していますが，2009年から2018年までは一貫して上昇し，2019年は1.6となり，人材不足が深刻化していました。

　今後，生産年齢人口の急速な減少が避けられない中で，ポストコロナでの変革スピードは一段と速くなり，大企業に比較して人材獲得能力が劣る中小企業は，大企業以上に抜本的に変革していく必要があります。

 ## これからの税理士の使命（ミッション）

　ここまで，読み進まれた方の中には，「おいおい，税理士の魅力を紹介する本かと思ったのに，冒頭から厳しいことばかり言うな」と思った方も多いかと思います。

　本書は，2007年初版を出させていただいてから，今回で第3回目の改訂となります。この13年の間に，日本経済，とりわけ，中小企業を取り巻く環境は大きく変貌しました。そして，今お読みいただいている章をどこに持ってく

2　中小企業数には，個人事業主も含まれているので，「社」ではなく「者」と表記しています。

るかを一番悩みました。

　熟考を重ねた結果，やはり，これから税理士を目指す人には，まず最初に，今の日本の中小企業が置かれている現実を理解していただき，それを踏まえて，今後どのようなことを税理士は考えていくべきかを伝える必要があると思い，冒頭に書かせていいただきました。

　以下では，このような大きな問題を前にして，税理士という職業専門家が果たさなければならない使命（ミッション）について述べたいと思います。

【ミッション1】「社会起業家精神」を発揮して新しいビジョンを提示する

　今，日本は，「今後急増する高齢者層に対する社会保障費を今後急減する現役世代で賄うにはどうしたら良いか」という他のどの国も経験したことがない大きな社会問題に直面しています。そして，残念ながら，生産年齢人口がピークアウトした1995年から，既に15年が経っているにもかかわらず，依然有効な解決策を見いだせていないのが現状です。世界的に見れば人口増加が続いており，人口増加を前提として作られた現在の仕組みの中でずっと暮らしてきた私たちにとって，すぐに有効で的確な対策を講じることができないのは当たり前かもしれません。

　今，目の前にある社会的な困難に対して，我々がやらなければ誰がやるのかという使命感をもって，その問題解決に献身的に取り組み，社会に貢献するのが，「社会起業家精神」とされます。既に，問題は提起されています。この問題に対して，国民全員が当事者意識をもって解決策を科学的に考え続けなければ，問題解決には至らないと思います。

　税理士は，さまざまな業種，規模の企業の毎月の経営状況を把握して，その情報を基礎に，会社の次の施策を一緒に考えることが仕事です。生産年齢人口が急速に減少するという困難な状況を目の前にして，社会起業家精神を発揮して，クライアントである中小企業の経営者より一歩先んじて，その方向性，ビジョンを考え，試行錯誤しながら，明示していく，これがこれからの税理士の使命だと思っています。第2章以下で，税理士の日々の仕事を具体的に紹介し

ていきますが，税理士ほど，中小企業の経営に日常的に関与し，経営者と苦楽をともにしながら，その専門能力を発揮できるポジションはないと思っています。つまり，日本の誰もが向き合わなければならない大きな社会問題に対して，正面から取り組める仕事，それが税理士の仕事です。

大変な世の中になるのであれば，あえて，前向きに取り組んで，どんどん自分の経験として蓄えていくほうがいいに決まっています。気持ちの持ち方次第で，そのような経験がいくらでもできる，それが税理士の仕事です。

是非，多くの社会起業家精神を持った方々に参集してほしいと思っています。

次頁は，私が東京税理士会の会報誌（「東京税理士界」令和元年9月1日）に寄稿した記事ですので，参考にしていただければと思います（転載許諾済）。

【ミッション2】労働生産性を高める仕組みを提示する

それでは，具体的に，今後税理士は何に取り組んでいく必要があるのでしょうか？　これは明確です。増加する社会保障負担を賄えるだけの個人の所得を増加させる仕組み作りに取り組むことです。そのためには，1人当たりの労働生産性を上げなくてはなりません。つまり，1人当たりの売上高を上げ，そこからの労働分配率を高めて，結果として，1人当たりの所得を増加させる仕組みを作ることです。税理士には，今後，そのサポート力が絶対必要です。

売上高は，単価（P）に数量（Q）を乗じて計算されます。さらに，数量（Q）は，顧客数（C）×リピート回数（R）に分解できます。よって，1人当たりの売上高を増加させるには，いくつかの選択肢があることがわかります。

① 商品やサービスの付加価値を高め，ユーザーが適正価格と思う範囲内で価格に転嫁していく…（P）の戦略
② 他社が行っていない新しいサービスや，一手間加えたサービスで新しい顧客を開拓したり，今後成長する分野へ進出する…（C）の戦略
③ 顧客データを分析し，再訪をうながしたり，サブスク方式等を導入して，リピート回数を増やす…（R）の戦略

論壇

税理士による「社会起業家精神」を発揮した中小企業支援の重要性

湊 義和
【麹町】

1 はじめに

2019年4月に、2019年版中小企業白書（以下「2019白書」という）が公表された。これによると、直近の2016年の企業数は359万者（その内訳は「法人153万者、個人事業主198万者」）となり、2014年に比べて23万者の大幅な減少となった。2012年から2014年の間で、4万者の減少となり、2009年から2014年には、年間20万者以上のペースで、企業数の減少スピードが上がっているとの分析もある。この減少の内訳は、従業員数5名（製造業、建設業等は20名）以下の小規模事業者の減少が20万者と最も大きい。

我々税理士事業者の多くは小規模事業者であり、我々税理士事業者の5割を支えている中小企業支援はまさに待ったなしの状況となっている。

2 今こそ税理士による「社会起業家精神」を発揮した中小企業支援を

このような状況に対処するために、我々税理士は東京税理士会計画の重点施策の3番目に掲げている「中小企業の存続、発展、事業承継に向けて積極的に諸施策を実施する」関わりからは、全国の税理士会の5万7千人弱の税理士業界を挙げて、中小企業支援に取り組む必要がある。

今、目の前にある社会的課題に対して、誰かがなんとかしてくれるだろうと他人任せにするのではなく、我々自身が当事者意識をもって、事業型の支援に継続的に取り組む「社会起業家精神」とされる。現状把握、計画、実行、検証、改善の好循環のなかに、顧問税理士をベースに、継続的契約を基礎に深くつながっている我々税理士は、この伴走型支援に最も向いているポジションにいる。正に我々が「社会に貢献するのだ」という志、いわば「中小企業の経営支援は、社会起業家精神」とされる。

3 中小企業の財務データから考える中小企業支援の具体的方向性

今般の2019白書では、過去の中小企業の大規模な財務データに基づく公表がなされている。具体的には、一般社団法人CRD協会から公表された中小企業の実態調査結果をもとに大規模な経営支援の方向性を得ることができる。

（一社）CRD協会から年1回公表されている約100万社の大規模データを分析することから、中小企業支援の多くの示唆を得ることができる。

①上記①を踏まえて支援の方向性を考える
CRD協会の分析によれば、中小企業の約10%は、存続企業の約0.5%から、存在感のあり、上位25%の企業については中央値（50%）に位置し、資産については2倍と3倍の企業、また10%未満の企業については赤字恒常型の企業であり、上位25%の企業群については生産性の高い経営型企業、ここから25%の企業群が、また中央値から25%の企業については事業承継型企業、後半の企業群が、廃業を検討しているようなケースであり、支援の方向性も変わってくる。

②事業引継ぎ型の政策支援
2019白書によれば、創業企業の借入れの約11%が、また1億円の売上規模などによる業種別の優先順位

4 金融行政の改革と税理士による中小企業の資金繰り実態に適応した金融支援の重要性

我々税理士が中小企業の金融仲介機能を支援するため、金融行政の見直しが進んでいる。現在、金融庁においても、抜本的な投資を含めた金融検査の見直しを図っている。金融行政の方向を公表し（金融庁「検査・監督基本方針」を公表し、2018年4月公述。

③創業支援
2019白書によれば、2009年から2016年の間に、26万者が開業し、50万者の廃業があり、2014年から2016年の間の開業率より廃業率が高い状況が続いている。2014年の平均では、5年間の開業は新企業と廃業企業の分析によると、2016年のメンバー企業は2009年に比べ、356万人の雇用が創出されたが、約355万人の雇用が失われたとされている。廃業に伴い、毎年100万人以上の雇用機会が失われる主な理由として、後継者難による廃業が挙げられている。

5 おわりに

我々税理士は、税理士法第一条において、中小企業の納税義務者の信頼にこたえ、納税義務の適正な実現を図ることを使命としている。しかし、新人口の減少という人手不足の深刻化を受けて、中小企業の経営支援においては試行錯誤を行うというチャンスにはまさに我々税理士が「社会起業家精神」を発揮することが重要である。

我々税理士は、納税義務の適正化という使命において、中小企業の活力を回復させることに深くかかわっている。今後、我々税理士は、日々小企業の会計改善支援や経営支援に取り組んでいくことが重要である。

④　ITやDXを活用しながら，極力人が関与しない形での販売数量の増加を図っていく。また，サービス業等であれば，ITによる自動化や作業動線や作業手順を見直して，単位時間当たりの接客数や作業量を最大化できる仕組みを作る…（C）・（R）の戦略

⑤　コストの見直しをしたり，成長による規模の拡大により，人件費以外のコストを相対的に低下させ，結果として労働分配率の増加を実現させる

　上記は，まるで経営コンサルタントの業務みたいですが，このような仕組みを実現させるには，現状把握，計画，実行，確認，改善というPDCAサイクルを確実に回せる仕組み作りが必須です。そのためには，正確な会計と税務の知識をもって，適正な財務資料を毎月タイムリーに作成することを指導できる専門能力が必要となります。そのような専門知識を身につけている専門家が我々税理士です。もちろん，税理士は，上記のC（確認）は得意ですが，P（計画），D（実行）およびA（改善実施）の部分を，すべて受け持つことは難しいケースが多いです。なぜなら，業種や規模によって打つ手が異なりますし，日々業界動向は変化しているので，業界ごとの専門性が求められるからです。私は，そういうときは，特定の業界に精通しているコンサルタント等と組んで指導を行い，成長支援を行ったりします。

　税理士は経営者の最も身近な相談役であり，経営参謀役です。自分が構築したさまざまな専門家やアドバイザーのネットワークから，最適な経営支援チームを作り，中小企業の労働生産性を向上させる仕組みを何としても作る，これが，これからの税理士に求められる重要なミッションになります。

【ミッション3】経営者を1人にせず最後まで伴走する

　経営者は孤独です。そして，経営はうまくいかないことも多くあります。特に，新型コロナウイルス感染症のように，突然甚大な被害を及ぼす事態に遭遇して，茫然とすることもあります。経営者も人間ですから，不安な気持ちになったときには相談相手が必要です。私たち税理士は，会計や税務の専門家と言

われていますが，経営者の心を支えるカウンセラーの役日も担っています。

　後述しますが，私は，高校1年のときに父親を事故で亡くし，母親のサポートで大学を卒業後，中小企業支援を専門とする政府系金融機関勤務から社会人経験をスタートさせました。高校生ながら，見えない先行きに身構えた記憶があります。金融機関において，事業がうまくいかなくなった経営者と事業再建を話し合う経営改善業務や，事業が停止した後の債権管理業務などを通じて，事業が立ち行かなくなった後に何が起きるか，あるいは起きないのかについて実務の中で経験してきました。ですので，経営状態が厳しくなって先行きがわからず不安になっている経営者には，いろいろなケースに分けて具体的な行く末のお話をしてさしあげています。知らないことが一番の不安要因ですから，それだけでも随分安心されて，今経営者としてやらなくてはならないことに立ち戻って，取り組めるようになります。

　私たち税理士は，場合によっては，経営者のご家族より長い時間，経営者と一緒に過ごすことが多い仕事です。事業がうまくいったときは一緒に喜び，事業が厳しいときには，一緒に悩みます。1人ひとりの経営者の顔を思い浮かべながら，日々仕事をしています。

　前例のない，他の国でも経験していない大きな社会変動の中で，今後，中小企業は新しいビジョンを立てて進んでいく必要があります。それは決して平坦な道ではありませんが，前例がない分，新しいビジョンを見つけることができれば，その果実はとても大きいものになるはずです。

　税理士には，中小企業の新しいビジョンをともに探し，チャレンジする経営者を決して1人にせずに最後まで伴走するという使命があります。

p.10の「論壇」の内容は，中央経済社運営の「税の窓」にも掲載されています。お読みになりたい方は，二次元コードを読み取ってください。

第 2 章

税理士ってどんな人？

　税理士は普段どんな仕事をしていると思いますか。
この「税理士」という言葉をそのまま翻訳すると，
「税のことをよく理解している士業（専門家）」とで
もなるのでしょうか。なんだか，世の中にごまんと
ある複雑怪奇な税金の計算をすることが，三度の飯
より好きなちょっとおたく系の人のようですよね。

　私も実際に税理士さんと出会うまでは，ちょっと
暗くて地味な仕事じゃないかと思っていました。

　もちろん，税金の計算も仕事として大切な一部で
すが，実際の税理士の仕事は，皆さんの想像とは随
分違っていると思います。

税理士の仕事とは？

　具体的な中身は，まず私の実際の1週間の仕事ぶりをご覧いただいた方がイメージしやすいと思いますが，私自身としては，税理士ってどんな仕事？　と聞かれれば，以下のように考えています。

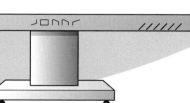

① 税理士は，単なる資格ではなく，1つの職業であり，国を支える重要な制度だ。

② 数ある専門家の中でも，いろいろな分野の知識を習得できるとてもバランスの良い職業。

③ 自分の努力の結果が正直に反映される仕事。

④ 仕事の範囲がどんどん広がっており，いろいろな適性を持っている人がそれぞれの分野で個性を伸ばせる仕事。

⑤ 女性が自分の個性や能力を伸ばすことができる仕事。

⑥ 苦労が必ず報われる仕事。

税理士の１週間

　税理士の仕事を一言でいうと，人や企業の「かかりつけのお医者さん」といったところでしょうか。

　それでは，ここで私の最近の実際の１週間の仕事をドキュメントで紹介してみたいと思います。

 **◇◇月曜日◇◇**

午前９時15分

　事務所に到着。

　今日は，10時から月初の事務所全体ミーティングの日だ。

　私の事務所では，月初にその月の事務所全体の動きを確認するために，全体ミーティングを行っている。税理士の仕事は法律で期限が決められている仕事が多い。今月期限の作業の棚卸しを行い，期限内に全員の仕事がきちんと終わるかを確認するのが主な目的だ。

　「さあ，ミーティングをするから，みんな会議室に集合！」と私が声をかける。

　「それでは，月初のミーティングを始めます。いつものとおり，今月申告法人の進捗状況の確認からはじめよう。今月は申告法人が多いから，順番に確認していくよ。まず，㈱○○商会，これは，Ｓさんだったよね。どんな感じ？」

　「はい。決算月までの入力作業はすでに終了しており，毎月の月次チェックをしっかりしているので，20日くらいには代表（私は事務所の代表なので，「代表」と呼ばれている）のチェックに回せると思います」

　「そう。もう少し早く上げられないの？」

　「えーっと。それでは15日に回せるように頑張ります！」

　「了解。それでは，次に，㈱○○会社グループの確認をしようか？　ここは，昨年一気に子会社が10社くらい増えたところだけど，進捗はどんな感じ？」

　「はい。会社側の内部管理体制が追いついていないところがあって，先月末までに会計データを固めるはずだったのですが，まだ8割程度です。いつ固まるかがちょっと心配です」

　「そうか。それで，会社のほうではいつデータが固まると言っているの？」

　「はい。第1週の金曜日には固まると言っています」

　「了解。データはリアルタイムで見られるから，監査も並行して進めていくしかないね。私のほうからも，財務担当の取締役に期限通りに上がるかどうかを確認しておくね」

　「はい。とっても心配なので，代表のほうからも是非お願いします！　期限通りに上がってくれば，20日には上げられると思います」

　こんな感じで，クライアント決算申告作業のスケジュールを確認していく。

　「それでは，次に，今月決算法人の消費税等の届出，役員報酬の改定状況，事前確定届出給与の届出等については，各自確認のうえ，確認シートに記入をしておくように」

　最近の税制は，一定の期限を設けて利用を認めるルールが多く盛り込まれている。したがって，すべてのクライアントの各種の期限を確認することは，税理士事務所として最も重要な業務の1つといえる。

　「これ以外，総務的な部分でみんなに周知しておくことはあるかな？」

　「はい。今週中にソフトのバージョンアップをしたいと思います。今週の水曜日の昼に行いたいと思っていますが，皆さん大丈夫ですか？」とサポート部の女性スタッフ。最近は，さまざまなシステムを使って業務を行うので，システムの安定運用が欠かせない。

午後1時30分

　東京地方裁判所に到着。

　今日は，私のクライアントが提起した税務訴訟の第3回の口頭弁論の日で，裁判所に税理士補佐人として出廷する日だ。この税理士補佐人とは，税務訴訟において，訴訟代理人である弁護士とともに裁判所に出廷して陳述する制度だ。税務訴訟の場合には，税法の解釈をめぐって，課税庁と主張をぶつけ合う。ただし，最近の税法は非常に複雑になっており，また，税金の計算が必ず発生するため，弁護士だけで対応することが難しいケースが多くなっている。そんなときに，税理士が訴訟をサポートすることにより，納税者の権利が今まで以上に守られることを期待してできた制度だ。

　皆さんも，刑事物のテレビドラマなどで，裁判所の風景をご覧になったことがあると思うが，税務訴訟の場合には，税理士が弁護士とともに，裁判に参加する。裁判所というのは，独特の雰囲気があり，まして，傍聴席ではなく，法廷内で原告側の当事者として席に着くとけっこう緊張する。静寂の中で，数分が過ぎると，やがて裁判官が奥の扉から入廷し，書記官の「一同起立！」という号令により，原告も被告も立ち上がり，裁判官に一礼をしてから裁判が始まる。

裁判官「えー。それでは始めます。被告から，準備書面二が提出されています

　が，原告。原告は，被告の主張に対して反論はされますか？」

原告弁護士「はい。準備書面を提出したいと思っております」

裁判官「わかりました。被告の準備書面において，原告に対して，いくつか質問が出ていますので，この内容についても次回回答してください」

原告弁護士「はい。かしこまりました」

裁判官「それでは，次回期日を入れたいと思いますが，原告。どれくらいの時間が必要ですか？」

原告弁護士「２カ月程度いただければと思っております」

裁判官「それでは，○月○日の午後１時30分で期日を入れたいと思います。これで，本日の法廷は終わります」

書記官「一同起立！」

　こんな感じで裁判が進んでいくわけである。税務訴訟は，行政訴訟の一つで，主に準備書面という書面で自らの正しさを裁判所へ訴える形式で行っていく。したがって，刑事事件のように，証人が出廷して，お互いに尋問したり，原告と被告で意見の応酬をするといったことはなく，とても淡々と進んでいくので，

最初はびっくりするものだ。ただし，淡々と進んでいくといっても，準備書面では，相当熱く主張をぶつけ合い，税法解釈の真剣勝負が行われ，最終的に，裁判所の判決で，その優劣が評価される非常にタフな仕事だ。この業務を行っていると，税理士という仕事が税法の専門家であり，国の1つの重要な制度なんだということを強く意識させられる。

午後5時00分

　今日は，日本税務会計学会での月次研究会の発表がある日だ。日本税務会計学会とは，東京税理士会が作っている学術研究機関のことで，昭和38年に設立され，既に55年以上にわたって学術研究を行っている。

　税理士が学術研究？　と疑問に思われるかもしれませんが，実は，税理士という実務家にしかできない学術研究の役割があります。国のさまざまな制度は，人が作ったものなので，実際に適用してみるとさまざまな不具合が見つかります。これをより良い制度にしていくには，制度を実際に使っている現場からの提言活動がとても重要であり，現場の専門家である税理士の学術研究活動による提言が，この機能を担っているのです。

　研修や勉強はインプット活動で，研究活動は，そのインプットを土台にしたアウトプット活動なので，簡単にできるものではありません（私も，最初は研修を受けに来ている生徒のようなものでした）。しかしながら，社会をより良くするには，実務家からの提言活動が絶対必要だと思っているので，私も四苦八苦しながらも定期的に発表をしています（ちなみにこの日は，新しく導入が予定されている「グループ通算制度」の中小企業への適用の可能性について発表する予定だ）。

　発表は，2時間の持ち時間で，前半は自分の研究内容を発表し，後半は会場の先生方からの質問を受けての質疑応答という形で進める。従来は，会場で発表していたが，新型コロナウイルス感染症の拡大により，最近はリモート開催となっている。リモートでの発表形式に最初は戸惑いもあったが，通信障害などがなければ，発表や質疑応答もスムーズに進めることができ，事務所で勤務

している税理士や，家庭との両立を図っている女性の税理士でも，わざわざ会場に行かなくても自宅で参加ができるので，かえって良い方法だなと感じている。

◇◇火曜日◇◇

午前10時00分

　今日は，東京商工会議所が行っている専門家派遣事業により，商工会議所の経営指導員の方と一緒に，中小企業の経営指導を行う日だ。

　今日の相談は，長年地元の商店街で婦人服販売を法人形態で行ってきた企業が，事業規模が縮小してきたことにより，個人経営に戻したいというものだ。個人事業で始めた方が，事業拡大により法人化する，いわゆる「法人成り」という手法があるが，今回は，その逆パターンの「個人成り」するための相談である。1回の相談時間は2時間くらいで，必要に応じて何回か追加で相談にのることもあるが，基本的には，こちらが今後の進め方について指導を行い，その指導に基づいて事業者の方が自ら実行するというスキームだ。しかし，相談者の女性の経営者に，「もう他に頼るところがなくて。先生，なんでもやりますから，なんとかしてください」と懇願されると，本来の範囲を越えて手弁当で支援してあげなくてはという気持ちになる。個人成りするには，法人を閉鎖しなくてはならないのだが，これには，解散手続き，清算手続き，そして，税務申告など，とても多くの専門的な作業が必要となる。「社長。必要なことは教えるから，自分でできるところは，自分でやってくれるかな？」と聞くと，「はい。先生。自分で頑張ります！」という明るい返事が返ってくる。「じゃ。さっき書き出した資料を集めておいてね。それから，金融機関とも借入金の引継ぎとかの相談をして，その結果を次回までに教えてね。わからないことがあったら，私の事務所に電話していいから」といって，その日の指導を終了する。

　税理士が相手をする方は，大きい会社から個人までさまざまだ。小さくても何とか事業を続けていきたいと願う経営者にお会いして，その気持ちを受け止

めながらの仕事もあり，手弁当となることも少なくないが，それで，その方々の明日からの日常生活が守られるのであれば，それも税理士の本懐だと思っている。

午後1時00分

　今日は，税理士会で中小企業対策部の部会が開かれるため，税理士会館へ移動する。部会は，午後3時からなのだが，毎回，部長と副部長でその日の会議の進め方を協議するために，私も副部長として早めに集まっている。この中小企業対策部は平成24年にできた新しい部だ。

　この部は，平成20年に発生したリーマンショック，平成23年の東日本大震災の発生等により厳しい状況に置かれた中小企業の支援策を検討し，関係諸官庁や自治体，金融機関等との連携を図ることなどを目的として設置された。私は，中小企業支援の政府系金融機関の勤務を経て税理士となったので，税理士会の活動を通じて自分の金融に関する経験とネットワークが少しでも役立てばという想いで，この部の発足間もないころからお手伝いをさせていただいている。特に，この改訂原稿を書いている令和2年（2020年）は，新型コロナウイルスの急拡大を受け，日本でも緊急事態宣言が出され，未曽有の混乱が発生し，中小企業も非常に厳しい状況に置かれた年だ。中小企業支援制度も矢継ぎ早に発出され，中小企業対策部は，これらの情報の収集，会員への情報提供，会員や一般事業者からの電話相談，中小企業庁や政府系金融機関等との連携などの中小企業支援業務に追われ，日常業務も相まって，2020年は本当にあっという間の年であった。

　この日も，午後2時から中小企業庁の方々と，会場とZoomを併用した意見交換の会議を行った。中小企業対策部員からは，観光業や飲食業などのクライアントの切実な実情の報告がなされ，とても緊張感のある会議となった。

　午後3時からは，Zoomによる部会が開催され，この厳しい状況下で短期的に講じるべき中小企業支援策について話し合いが持たれた。今後求められる会員向けの経営支援に関する研修テーマの検討や，日本税理士会連合会が2018

年に立ち上げた全国規模の中小企業事業マッチングプラットフォーム「担い手探しナビ」の普及促進策などが話し合われた。このプラットフォームは，税理士だけが無料で利用できる専用サイトで，自社の事業を譲渡したい中小企業と事業拡大を目指す中小企業とのマッチングサイトという特徴があり，今後増加すると予想される自主廃業に備えて，中小企業の技術やノウハウを引き継ぐチャンスを提供することを目指している。

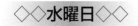
◇◇水曜日◇◇

午前6時30分

　今日は，他の税理士会から研修講師の依頼があり，講演する日だ。

　今日の講演に備えて，前日に現地入りしているので体調は万全だ。講演の内容は，私が政府系金融機関出身であることもあり，最近の中小企業への金融支援を中心とした，経営支援の仕組みについてだ。近年，この経営支援についての支援体制が全国的に整備され，支援ツールも随分充実してきている。これらのツールを効果的に活用して，中小企業の経営支援を行っていくことが求められているわけだが，実は，その中心的な役割を期待されているのが，税理士だ。経営支援は，企業の創業，成長，成熟，事業承継のライフサイクル別に検討していくが，最近特に重要なのが，経営者の高齢化を受けた事業承継対策支援となっている。このうち，金融支援の分野では，中小企業が金融機関からお金を借りる際に求められる経営者保証をどうするかというテーマが重要だ。なぜならば，最近の事業承継は，親から子という親族間承継が少なくなり，従業員などの親族外承継が増加しており，経営者の連帯保証人の引継ぎがネックとなることが多いからだ。この経営者保証を解除するには，経営者保証ガイドラインに従って，金融機関と相談していくことになるのだが，経営者保証ガイドラインに求められる要件をクリアするためには，税理士による毎月の経営指導が欠かせない。しかし，税理士試験には，経営支援の専門家になるために必要な知識を問う科目がないので，実務を行いながら吸収していく必要がある。また，

金融機関という組織のこともしっかり理解しておかないとうまくいかないことも多い。近年，この分野での税理士への期待がとても大きく，これからの税理士は，税務，会計の専門家だけでなく，経営支援の専門家という新しい分野が広がりつつあることを知っておいてほしい。

　今回の研修も無事終了し，地元の先生方に挨拶をしてから，電車に乗って大阪に移動する。講演終了後の懇親会も，地方で講演する大きな目的なのだが，今回は前日に懇親させていただいたので，時間が空いたのである。実は，大阪梅田に，とても懇意にしている和食のお店がある。数年前，毎月大阪に出張している際に，暖簾をくぐらせていただいてからのお付き合いだ。大将は，とても明るく元気でアグレッシブな方で，年齢も近いので，機会があるときは必ず寄っている。料理はどれも絶品で，季節に合わせていろいろな料理をふるまってくれ，美味しい日本酒もあり，研修の疲れを癒すには絶好の場所だ。今日も，「まいど，おおきに！」と威勢のいい声を聞きながら，お互いの近況を語り来年の健闘を誓って店を後にする。税理士をしていると，こんなご縁を結ばせていただくことも多い。

◇◇木曜日◇◇
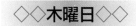

午前9時30分

　朝一番の新幹線で東京に戻り，今日は10時から税務調査の立会いがあるため，少し早めにクライアントの事務所へ訪問する。この税務調査は，納税者が提出した申告書の内容を確認するための手続きで，申告納税制度を維持するために大切な制度だ。なぜなら，申告書を後から調査して是正する仕組みを用意しておかなければ，誤って少なく申告したり，意図的に収入を隠して申告した人だけが得をしてしまい，きちんと申告している人にとって申告納税制度が不公平な制度となってしまうからだ。もっとも，調査を受ける納税者にしてみれば，過去の自分の会社の取引を1つひとつ税務署の職員に確認されるので，決して気持ちの良いものではない。また，税務署の調査官は，税務調査を専門

的に日々の仕事として行っているのに対し，納税者は，普段このような税務調査を受けたことがないため，力の差が圧倒的で対等ではない。そこで，税理士が納税者の代理人として調査に立ち会い，調査官のさまざまな指摘事項に対して税法という法律にのっとって議論をしていくわけだ。

　法人の税務調査の場合，調査期間はだいたい2日で，税務署の担当官は2名で行うのが通常だ。私も，最初の頃はかなり緊張したが，税務調査の進め方には一定のセオリーがあり，その進め方を見ていれば，今回の調査官の力量がだいたいわかる。今回は，若手の調査官が主で，彼のトレーナーとして，ベテランの調査官が同行したようである。

　若い調査官が緊張しながら，セオリー通りに進めていくが，つっこみが弱いところは，ベテランの調査官が，「ここは，もう少しく詳しく聞いたほうがいいんじゃないの？」とか，「わからないところは，遠慮せずに聞きなさい」と，適宜無駄のない指導をしてくる。こちらも，担当スタッフの回答があいまいだと，「そこは，きちんと背景を説明したほうがわかってもらえるんじゃない？」とか，「もっと，自信を持って答えていいんだよ」などと適宜フォローを入れる。さながら，選手とコーチが一緒になって，相手とボクシングの試合をしているようなものだ。

　本日の調査では，午前中までは穏やかに過ぎていたが，午後2時ごろに場の雰囲気が一変した。

　売上請求書の控えから入金を確認している中で，売上高の計上と入金の記録が確認できないものが発見されたのだ。

調査官「社長。この請求書に対する入金が確認できないのですが，これはどうなっていますか？」

社長「この方は，年配の方で，現金でもらったり，請求金額とは違う金額を不定期に振り込んでくるんですよ」

調査官「えっ？　社長，調査の冒頭で確認したときには，御社では，売掛金はすべて振込で，現金での回収とかはないって言ってましたよね？」

社長「はい。ほとんど振込入金で間違いないです。この方だけ現金になったり
します」
調査官「この方だけ？　間違いない？　他にもあるんじゃないの？　困った
な」

　最近の税務調査は，基本的に納税者に対して性善説で臨んでいるように思え
るが，いったん不整合な箇所が発見されると，調査の対応が一変することが多
い。今回も，そのケースにあたる。

調査官「社長。請求書を作成するための手元資料とかあるでしょ。それを見せ
てくれますか？」
　ベテランの調査官の口調が一段と厳しくなっていく。
社長「エクセルで売上予定表を作っています」
調査官「それでは，それを出してください。とりあえず，前年の1年分をお願
いします」

　ここから，エクセルシートと総勘定元帳，通帳の付け合わせ作業が始まる。しばらく，若い調査官の作業を観察していたが，送金手数料が引かれて入ってきたり，2本の請求書の合計金額で入金になっている部分の消込みなどに時間がかかっているようだ。

　これだと，調査時間の延長も懸念されるので，

私「調査官。私のほうでもお手伝いしますよ。こちらで照合が終わったものは，1つひとつ説明しますので，後で確認してくださいね。さあ，○○君，こちらも一緒に頑張ろう」

といって，共同作業で確認を進めていく。

　幸い，現金の入金部分の顛末の確認もでき，初日の税務調査は終了となった。次回は，引き続き売上の確認と，その他の経費の確認で進むことを調査官と確認して，1日目の調査は終了となった。

◇◇金曜日◇◇

午前10時00分

　今日は，東京税理士会での会員相談室の日だ。会員相談とは，税理士会に所属する他の税理士の先生が業務上の判断に迷った時に，電話や面接で相談できる制度だ。電話相談では，総勢20名程度の先生が，税理士会から委嘱を受けて，毎日午前10時から午後3時まで2名体制で，他の先生方からの電話相談に応じている。

　相談内容は，税法全般と税理士業務全般なので範囲が非常に広い。しかも，電話をかけてくる先生は，自分で調べても，よくわからない時に電話してくるが，電話を受けるこちら側は，電話を取るまでその相談内容が，所得税，法人税，消費税，はたまた相続税のどれに関するものかが全くわからないというハンデがある。

　しかも，次から次に電話がかかってくるので，できるだけ的確にしかも早く答えを出して，より多くの先生方の悩みに応えなくては！　というプレッシャ

ーもかかる仕事だ（ほんとに電話は多くかかってくる。現場は，「こども電話相談室」のようになっている）。

　私の場合，15年以上もこの相談業務をしているので少し面の皮が厚くなったが，駆け出しの頃は1日の相談を終えると相当グッタリしたものだ。しかし，見方を変えてみると，他の第一線の先生方が今どんな事案で悩んでいるかを直接聞くことができ，しかもその事案について一緒に悩むことができるので，とても勉強になり，すごく貴重な経験をさせてもらっている。もちろん「え？こんなことも知らないの？」と他の先生に言われる恐怖感はあるが，その怖さと正面から向かい合い続ける環境はなかなかないので，武者修行のつもりで頑張っている。

午後4時00分

　事務所に戻って，不在の間にかかってきた電話等の対応に追われる。事務所のホワイトボードに私の帰社時間が書いてあり，うちの事務所のスタッフは，みな非常に優秀で，しっかり私の帰社時間を先方に伝えてあるので，電話が次から次にかかってくる。通常は各担当者が相談や問い合わせに対応しているので，私に直接電話がある時は，相談内容が複雑であったり，緊急性の高いものが多い。いろいろ調べて回答しているうちに，あっという間に午後6時を回っている。

　今日は月末の金曜日だ。スタッフたちは，なんとなく，「今月も頑張りました！　なんか区切りがいいと思うのです！」的な雰囲気を醸し出すのが上手だ。

　私もオンとオフの区切りが必要なタイプなので，「○○君。みんな今日何時までやるか聞いてみて」と誘い水を送ると，案の定，「みんな，もう大丈夫です！」との元気のよい返事。「OK。じゃ，いつもの○○に電話してみて」月末の飲み会が決定し，皆のテンションが一気に上がる（今は，新型コロナウイルス感染症対策で，このような飲み会がなかなか開けない。早くオフタイムの交流が気兼ねなくできる日常が戻ってくれることを願っている）。

 私が税理士になったわけ

　今では，どっぷり税理士稼業に浸っている私ですが，最初から税理士志望であったわけではありません。それどころか，社会に出るまで税理士という仕事とは全く無縁でした。

　そんな私が，どのようにして税理士に出会い，資格試験にチャレンジし，税理士となったかをお話しします。

ボストンに生まれる

　私は，昭和36年（1961年）4月に，アメリカ発祥の地である合衆国東部の町ボストンで生まれました。といっても，私はハーフでもクォーターでもなく，生粋の日本人同士のカップルから生まれています。日本で戦後，海外渡航が解禁されたのが1964年だそうなので，それ以前に旧敵国に暮らしていた日本人といえば，外交官くらいしかいなかった時代（ずいぶん古い話をしているような気がする。私は何歳？）です。もちろん，私の両親は外交官ではなく，日本の大学を卒業して，大学院生としてアメリカで勉学をするために暮らしていま

した。これは今もあるプログラムですが，フルブライト交換留学制度という，日本の各分野で選抜された学生がアメリカの大学院教育を受けることができる奨学制度で，私の両親も各々が応募し，渡米して，それぞれの専門分野の勉強をしていたわけです。

　お見合いツアーではなく勉強に行ったわけなので，普通なら私が現地で生まれるはずはないのですが，若い2人がアメリカで恋に落ち，ボストンで結婚式を挙げ，私が生まれたそうです。その時の経緯はよくは聞いてはいませんが，当時この交換留学生をアメリカまで運んでいたのは，飛行機ではなく，今は横浜に係留保存されている「氷川丸」での船旅であったので，長い船旅の中でお互いに知り合うきっかけがあったのでしょう。

　私が生まれたのはその前年ジョン・F・ケネディの長男であるケネディJr.が誕生した病院で，金髪の赤ん坊の中で唯一の黒髪でふさふさ頭の私は，すぐにわかったそうです。

　私は，父が大学院を卒業した年に1歳で帰国したため，当時の記憶は全くありません。しかし，自分が生まれた国というのは，自分のアイデンティティに無意識に影響を及ぼすもので，その後社会人になってアメリカ留学のプログラムに応募したり，アメリカの税務の資格にチャレンジしたりするきっかけになっているような気がします。

帰国後収まらないアメリカンパワー

　帰国後，父は東京都三鷹市にある緑豊かな大学（ICU）で教鞭をとり始め，住居も大学のキャンパス内にありました。

　アメリカの高カロリー食品生活を基礎に育った私は，日本に帰国後もひたすら腕っぷしが強く，とにかくエネルギーが体に収まりきらないといった感じで，家族や周りの人の手に負えないほど，腕白な幼少時代であったようです（一部は確かに記憶しています……）。

　大学全部が自分の庭のようなもので，私の傍若無人ぶりはその当時の教職員や学生にも有名であったので，このような書物を私が偉そうに書いていると知ったら腰を抜かすかもしれません。

　幼少時代から幼稚園時代にさんざんエネルギーを発散したおかげで，小学校に上がるともはや悪さには興味がなくなり，一転とても物静かな少年になり，小学校，中学校時代を過ごすこととなります。

父の他界

　都立高校1年のときに父を事故で亡くしました。ちょうど，高校1年の中間テストの準備で，近くの図書館から家に戻ってきたときでした。父は大学で化

学を教えていましたが，家では家庭菜園を本格的にやっており，200坪の畑で種々の野菜や果樹を栽培していました。野菜などは一度に収穫時期が訪れるので，我が家ではとても食べきれず，リヤカーで近所に配っていたので，私は兼業農家の息子のように思われていたらしいです。その日も父は脚立に乗って葡萄の棚の剪定をしているのが，玄関に入るときに横目で見えました。その後，庭で大音響がしたので駆けつけると，父が仰向けに横たわっており，意識がなく呼吸が乱れた状態となっていました。恐らく剪定中に貧血かなにかを起こし，後頭部からコンクリートの土台に落ちたようです。すぐに救急車を呼び，近くの救急病院に運ばれました。その様子からこれは直感的に危ないと感じ，同時に穏やかな日常が急変する予感がして，長男である私は身構えたのを覚えています。

診断の結果は脳挫傷でくも膜下出血があり，非常に危険な状態であることがわかりました。

そのとき，父が44歳。私が16歳，弟が中学2年で14歳，妹が小学4年で10歳でした。集中治療室で，酸素マスクをつけて身動きできない父でしたが，子供を成人するまで守れなかった無念さなのでしょう，瀕死の状態の中で意識を必死に戻そうとしているのがよくわかりました。こちらが短い面会時間の中で耳もとで呼ぶと，酸素マスクの内側の唇がかすかに動くのがわかりました。声だけは聞こえていたのだと思います。3日間頑張って最後に面会した時，私たちの問いかけに口が動くだけでしたが，父の目からは涙が流れ落ちてきました。最後に目を開けて話をしたかったのだと思います。

私も年を重ね，自分の年齢が父の年齢を越えるとき，心が不安定になったことを記憶しています。自分が記憶している父よりも長く生きているという現実は，なかなか受け入れられないものです。以前テレビ番組で，中井貴一氏（1961年生まれなので同い年だ）が，往年の映画スターで若くして亡くなった父佐田啓二氏の年齢を越えることに大きな感慨があると話していたのを記憶していますが，同じような感覚だと思います。

中小企業専門政府系金融機関へ就職する

父を早く亡くしたことは，私を内面で多く考えてから行動するという性格に育てたように思います。世の中に対して無意識のうちに身構えていたのでしょう。

その後，私は慶應義塾大学の経済学部を卒業し，中小零細企業を相手にする政府系金融機関へ就職しました。

就職にあたって，金融という経済の血液を通してさまざまな産業や事業に関わりを持てる金融機関での経験が，自分の今後に必ず役に立つであろうと私は思いました。

金融機関の中には，海外支店も多く華やかな都市銀行などの大手銀行もありましたが，私は中小企業育成の政府系金融機関という地味なほうになぜか強く興味をひかれました（もっとも私の学業成績では，大手はどだい無理でしたが……）。

今原稿を書きながら思うのですが，これもやはり，自分が一度予期しない事態で，社会的な弱者の立場に置かれた経験があるからだったかもしれないなと感じています。

税理士との出会い

この政府系金融機関での経験は，私に税理士との出会いを提供したばかりでなく，実に多くのものを与えてくれました。

大学を卒業後，昭和60年4月に支店に配属となり，そこで3年間債権管理業務にあたりました。債権管理業務とは，要するに取立業務のことです。当時はバブルが始まる直前で，それほど景気の良い時期ではなく，またもともと中小零細企業を主たる融資先としていることもあり，期日通りに返済ができなくなる企業が多かったのです。新人の業務は，返済期日より1カ月から3カ月くらい遅延している融資先に対して，これ以上の延滞を食い止め，正常な返済先へ改善する役目でした。

　その後，２支店目へ転勤となり，融資審査業務に就くこととなりました。転勤した昭和63年頃はちょうどバブルの走りで，資金余剰の状況が顕著で，民間金融機関だけでなく政府系金融機関も予算消化の制約があり，積極的な融資活動を行っていた時期でした。

　このため，資金需要のある融資先を探すために税理士へアプローチすることとなり，ここで初めて税理士先生にお会いする機会が多くなったわけです。

　このときの私の税理士に対する印象は，クライアントから絶大な信頼を得ている専門家という印象でした。借入をするかしないか，借入金額，返済期間等すべて税理士先生が取り仕切っている印象でした。

　当時駆け出しの融資担当者としての私は，金融機関からの借入は，会社の経営者が当然決めるものだと思っていたので，税理士が取り仕切ることが多いという事実は驚きでもありました。

　それと同時に，私は熱心な融資担当者であったので（もちろん他の担当者も熱心でしたが），融資先の企業からの信頼が結構厚く，借入の相談だけでなく，経営全般の相談を受けることも多くありました。また，成長力のある企業ほど運転資金や設備資金の資金需要が旺盛なのですが，金融機関は借入サイトがあまり短いと慎重になり，これらの成長力のある企業をうまくサポートできないジレンマにぶつかったり，何よりも資金融通という手段でしか企業の支援ができないことに限界を覚え始めていた時期でもありました。

　一方，税理士はいったん企業の顧問を引き受けると，ほとんど一生その企業の面倒を見ていくケースが多いわけです。また経営全般の相談にのることが主たる業務なので，会社だけでなく，経営者個人，その家族のさまざまな相談にのることもできます。つまり，相手に対して「大丈夫。安心して全部相談してください」と自信をもって言える職業なのです。日頃，仕事柄なんとかしてあげたいと思っても，この言葉を取引先に投げかけられないジレンマを持っていた私としては，「税理士こそ真正面からクライアントと向き合うことができる職業だ」と確信し，税理士を目指そうという意思が固まったわけです。

　さっそく，資格に関する本を買ってきて読んでみると，やはりかなりの難関

であることが窺えました。

働きながらチャレンジすることを選択

　当時私は，入社5年を経過したところでした。金融機関の融資担当者としての企業審査経験はあるものの，簿記を始めとした会計に関する専門的な知識は皆無といってよいものでした。

　今この本を手に取られている人の中にも，自分の挑戦すべき資格を見つけ，非常に熱い気持ちで読まれている方も多いかと思います。私も，最初は相当熱くなっていて，自分のやりたいことが見つかったのだから，退職してでも最短距離で試験勉強に突入しても良いかなと思っていました。

　しかし，冷静になって考えてみると，今の職業も自分が選択したわけで，まだまだ金融機関での経験も中途半端であり，次に活かすほどの経験とはなっていないこと，またゆくゆくは企業のサポートをしていくのであれば，組織全体の仕組みを理解し，またそこできちんとした評価を得られるまで頑張らなければ意味がないこと，そして仕事と勉強を両立して合格できないのであれば，それは自分の志望動機が弱いということに他ならないとの思いに至り，働きながらチャレンジすることに決めたのです。

働きながらのチャレンジ

　最初のころは，既に勉強を始められた人は経験していると思いますが，がむしゃらに勉強できるものです。私も，とにかく空いている時間という時間はすべて勉強時間に投入しました。

　その頃は，支店の白い軽自動車で，1日融資開拓や審査業務のために移動することが多かったのですが，車を運転中は1人なので，カセットテープ（当時はまだCDではなかった）を回し，イヤホンをして，テキストをハンドルの前に立てて運転しながら勉強したり，手短に昼食をすませた後にファミレスに出没したりしていました。ママさんバレーボールチームの方たちのにぎやかなお茶会には耳栓で対抗しながら，理論を書いたりしていました。

アメリカへの派遣

　勉強を本格的に始めた年の年末に，アメリカ合衆国の首都ワシントンD.C.への派遣を言い渡されました。このプログラムは，1年ちょっとの間アメリカに滞在し，現地の大学に通い，主としてアメリカの大学の中小企業育成プログラムを学んでくるもの（アメリカでは，その当時から産学共同での創業支援プログラムが発達し，授業でも学生たちが本気で独立開業プランのプレゼンを行って，実際に創業を果たしていた）で，入社した同期から2名選抜され，さらにその内の1名が選抜されて派遣されるものでした。30歳にして初めて，自分の生まれた国で生活するチャンスにめぐり会えたわけです。1年数カ月とはいえ，アメリカ人の日常生活に触れる大変貴重な経験となりましたが，それと同時に税理士試験の勉強を継続するのが大変でした。現地へ赴任したのが4月で，本試験まで4カ月という時期でした。現地では，すぐに大学への入学手続きを行い，翌日から山のような宿題をこなさなければならず（当然英語），1人暮らしなので，生きていくための買い出し，料理，日本の会社への現地報告書の作成，これに加えて簿記論と財務諸表論の勉強をこなすはめになりました。出国前に，予備校の先生に相談して，通学コースから通信コースへ変更し，そのテキストとカセットテープを現地に航空便で送ってもらいました。

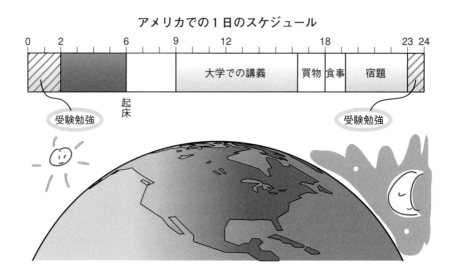

アメリカでの1日のスケジュール

　アメリカのコンドミニアムの1室で，慣れない外国生活をし，昼間は大学の授業，夜は大学の宿題，その後に日本の食品を売っている韓国スーパーに行って買ってきたから揚げ粉で自分で作ったから揚(結構おいしい)や，日本そば(これはダメだった)などを1人で食べながら，日本の税理士試験の勉強を続けました。

　本試験の受験のときも，前日の飛行機で成田に到着し，翌日受験をし，その足で成田からアメリカへすぐに帰国というスケジュールで臨みました。しかし，こういう困難な状況というのは，不思議にやる気を起こさせるもので，アメリカから日本へ向かう飛行機の中では，本試験前の緊張感もあり目が冴えてしまい，皆が寝静まった真っ暗な機内で，1人読書灯をつけて成田まで勉強していましたが，何ともありませんでした(となりの乗客は寝苦しそうで迷惑をかけてしまった……)。

　このように気合が入っていたおかげで，その年なんとか簿記論を合格できました。財務諸表論は不合格であったので，アメリカのコンドミニアムでの勉強を再開し，翌年帰国後の2回目の本試験へ向けて勉強を続けました。

帰国後怒濤の本店勤務

　アメリカ留学を無事に終え，帰国後本店総務部というセクションに配属となりましたが，この部署の忙しさは猛烈でした。夜10時のニュースが始まる頃は，まだまだ仕事半ばで，終電までに帰ったという記憶がほとんどありません。私のいた部署は，大蔵省（当時）を始めとする対外活動をすべて引き受けていたので，国会の開期中や，何か事件・事故があった場合には，それこそエンドレスでの業務が連日続くのが当たり前でした。この部署の人間は，皆本店近くの社宅に住んでいたのですが，嘘か誠か，「君のいる部署は，夜帰るときのタクシー代が多くかからないように，本社近くの社宅があてがわれているんだってね」などと言われたこともあるほどでした。

　それでも帰国前の勉強の蓄えが効いて，なんとか財務諸表論の合格通知を得ることができました。

再び海外赴任の打診を受けて転職を決意

　やっと2科目突破し，いよいよ税法科目の勉強に入れると考えていたその年の年末に，会社より予期しない打診がありました。東南アジアへの数年間の長期赴任の打診でした。

　赴任期間は3年から5年。東南アジア諸国への経済協力業務でした。これには，さすがに当惑しました。会社から評価してもらっていることは十分ありがたかったし，東南アジア諸国へのサポートという意義のある仕事でもありましたが，いよいよ税法の勉強ができる環境になってきたときであり，年齢も31歳で5年間赴任して戻って来たときには36歳。さらにその業務の中核となってしまうとすぐに退職はできない状況が想定され，大いに悩みました。

　自分としては，過半数の合格科目すなわち3科目合格までは，転職などは一切考えないつもりでした。しかし，やはり税理士として仕事がしたいと思い，退職を決意しました。この海外赴任の業務命令をお断りするには，税理士を目指していることを正直に伝えるしかないと思い，上長にその旨をお話しすると

ともに，長年お世話になった会社の退職と会計事務所への転職を決意しました。

大学卒業後，8年間の勤務により債権管理，貸出審査，海外勤務，本店勤務と，貴重な経験を数多くさせてもらった会社であり，慰留してくれる人も多くあり，感謝の気持ちでいっぱいでしたが，私の退職の理由を聞いて最後には皆「頑張って一人前になれよ」と送り出してくれました。

今でも，前の会社の人たちとは交流があり，支店での講演などでお手伝いもさせていただいています。同期の人間も組織の中核を占めるようになってきており，今後もできる限り恩返しをしていきたいと考えています。

31歳にして新人

就職した会計事務所は，所員数13名から15名くらいの中規模クラスの事務所でした。

法人，個人のクライアントをバランスよく持ったオーソドックスな事務所で，各所員がオールラウンドに対応することが原則だったので，実務を勉強するのに大変良い環境でした。しかも，所長である税理士は，税理士が組織する学術

31歳の新入社員

※机の掃除からゴミ出しまで
実務では聞き慣れない専門用語が飛び交う

研究会の主要メンバーであったため，今の税制を単に学ぶのではなく，今後の
あるべき税制を学究的に考える機会にも恵まれました。ここでの経験があった
からこそ，今の自分の基礎があるわけで，大変感謝しています。

　20歳代の所員が大部分の組織でしたが，新人は新人であるので，当然ですが
31歳にして，毎朝の掃除，ゴミ収集，ゴミ出し担当から仕事が始まりました。
大企業と異なり不定期の採用で，次の新人が入ってくるまではずっと新人
扱いが続きます。

　実際に仕事を始めると，会社勤務経験はあるものの，会計実務経験が全くな
い状態で入ったので，当初は知らない用語が飛び交う職場に面食らったもの
です。

　たとえば，「今月は納特の準備の月だから」とか「青専の届出を確認してお
いて」「金消をまいといて」と言われても，ノウトク？　アオセン？　キンシ
ョウ？　といった始末で，ここはどこ？　私は誰？　状態でした。

固定資産税という"資産税"を受験

　会計事務所へ転職した年は，固定資産税と法人税を受験しました。今でこそ，
固定資産税がどんな税目かは十分わかっていますが，受験科目を選択した時は
まだ前の会社に在職中で相談する相手がいませんでした。そこで，科目を選択
するときに，何かの本で「税理士の実務には，"資産税"は必須！」という記
事があったことが記憶によみがえり，税法科目の中で資産税がつくのは固定資
産税のみであり，「実務に"必須"！」なのであれば，これは受験科目に最適と，
法人税法とともに2科目目として選択したわけです。もちろん，今はわかって
いますが，固定資産税が賦課課税税目（自分では納税額を計算しないで，地方
自治体等が計算してくる税目のこと）なので，滅多に自分で計算することがな
い税目だなんて，その当時全く気がつきませんでした。かわいいものです。

　ただし，実際にこの固定資産税をはじめとした週1科目を勉強した人ならわ
かると思いますが，勉強範囲が狭いため，合格に必要な得点のラインがとても
高いのです。つまり，他の法人税法や所得税法等ならば，合格を左右する問題

に確実に正解し得点を積み上げていくことにより，比較的確実に合格ラインへ持っていけるのですが，固定資産税の場合は1つ解答を誤ったらハイそれまで！という緊張を強いられる科目なのです。私も，本試験で1つだけ迷う問題があり，これが間違っていたらアウトだと覚悟を決めて，試験終了後テキストを見て，ほっと胸をなでおろした経験があります。

毎年1科目ずつ積み上げ5年で官報合格となる

　税理士試験は，必須科目（簿記論，財務諸表論，法人税法または所得税法のどちらか1科目）を含めて5科目の合格で終了となります。5科目目を合格するとき官報に合格者氏名が載るため，最終合格のことを官報合格と受験生は呼んでいます。

　私も，簿記論，財務諸表論，固定資産税と，幸い毎年1科目ずつ合格科目が積み上がってきて，仕事との両立を図りながら，あと2科目となりました。このころになると，何の税法が実務で重要なのかもはっきりわかってくるし，自分に合った勉強方法も確立されているので，規則正しく着実に勉強すれば，必ず合格できるという自信もついてきている時期です。

　そのため，迷わず法人税法を受験科目で選択し，合格。翌年は，所得税法を選択し，同じ勉強方法で，合格を果たすことができました。

　これは結果論ですが，勉強を始めて合格科目がない年が一度もない形で税理士試験を終えることができたわけですが，こうやって今自分の軌跡を振り返ってみると，確かに仕事の合間を縫って，我ながらよく頑張ったなぁという印象です。

　今年も，試験の合格発表がありました。駒を1つ進めた人もいれば，あと一歩及ばずという人もいたと思います。この試験は頑張った人には必ず果報がある仕組みになっているので，あと一歩だった人は，今一度自分の志望動機を固めて，再度チャレンジしてほしいと思います。

第**3**章

税理士の仕事って
おもしろい？

　税理士とは，税理士法という法律により付与され
た国家資格です。税理士法という法律は，税理士で
なければできない「税理士の独占業務」というもの
を規定しています。これは税理士にしか与えられな
い権利です。ただし，実際には非常に幅広い業務を
行っています。

税理士の権利と義務

　自由で公正な競争を是とする近代民主国家である日本において，国はなぜ税理士に独占業務というものを付与したのか考えてみたいと思います。

　少々固い話ではありますが，税理士という職業（税理士資格は，単なる資格という以上に重要な制度なのだ）を志す以上は，一度は知っておかなければならない知識なので，少しの間我慢して読み進めてもらえれば幸いです。

税理士の使命

　税理士法第1条では，「税理士は，税務に関する専門家として，独立した公正な立場において，申告納税制度の理念にそって，納税義務者の信頼にこたえ，租税に関する法令に規定された納税義務の適正な実現を図ることを使命とする。」と謳っています。

　これを要約すると以下のようになると思います。

- 税理士は，税務に関する専門家として高い専門性が求められていること
- 納税者の側に一方的に寄るのではなく，独立した公正な立場で業務を行うことを求められていること
- 租税に関する法律の趣旨をよく理解し，納税者の信頼を得ながら，納税者の納税実現を図っていくことにより，申告納税制度を維持していくことを使命としていること

◇**申告納税制度を維持，発展させる重要な責務がある**

　税理士法第1条でいう申告納税制度とは何でしょうか。我が国の税金の制度はいろいろな分類の仕方がありますが，税金の納め方で分類すると，申告納税制度と賦課課税制度の2つに分類することができます。申告納税制度とは，税金を納付する人が自分で税金の制度を勉強して，申告書を作成し納税を行うこ

とを前提とした制度です。反対に賦課課税制度とは，国等が税金を計算して賦課してくる制度です。

　申告納税により納税する税金には，法人税，所得税，相続税，消費税などがありますし，賦課課税により納税する税金としては，ご自宅をお持ちの方であれば馴染みの深い固定資産税があります。

　申告納税制度とは，納税者が自主的に申告し納税したものを，国がそのまま受け入れ納税をいったん完了させる制度なので，国と納税者との間で信頼関係が保たれないとこの制度は維持できません。したがって意図的な脱税行為を行う人や，計算の誤りなどにより正しく納税した人に比べて納税額が少ない人を発見し，是正する制度を持ち合わせていないと誰も正しい申告をしなくなってしまいます。

　そこで，この申告納税制度を維持するために，納税者に対して税務調査の受忍義務を課しています。

　税務調査はいやだという人が多い（もちろん好きだという人はいない）ですが，もし仮に税務調査を行わないと，脱税をしている人など税金の負担を免れている人を見逃してしまうことになり，申告納税制度自体が維持できなくなってしまいます。そうなると，税金は全部お上から賦課され納付するという封建社会のような前近代的な国家へ逆戻りしてしまうわけで，この申告納税制度を維持し健全な形で発展できるか否かは，実は先進国家としての成熟度を占う重要な指標ともいえます。

　税理士は，この近代国家として重要な制度である申告納税制度を納税者に理解してもらい，独立した公正な立場で自主的に適正な納税を実現させるという非常に重要な責務を負っている専門家なのです。

　このような国の根幹をなす租税制度を健全に維持発展させる使命を持った租税の専門家を有している国は珍しいわけで，実は税理士というのは，国際的にみても大変ユニークな国家資格なのです。

　そして，税理士は，この本来の使命に加えて，第1章に書かせていただいたように，人口減少と社会保障費の増大という大きな社会変動の中で，中小企業

に新しいビジョンを提示するという重要なミッション（使命）が課せられているのです。

税理士だけに認められている独占業務とは

税理士法は，税理士だけに次の業務を行うことを認めています。税理士資格を有しない人は，これらの業務を行うことを一切許されません。

税理士法第2条では，「税理士は，他人の求めに応じ，租税（中略）に関し，次に掲げる事務を行うことを業とする。」としており，具体的には次の業務があります。

一　税務代理業務

税務官公署等に対する法令等の規定に基づく申告，申請，請求若しくは不服申し立てについて代理し，代行すること。

又はこれらの申告等若しくは税務官公署の調査等に対してする主張等について，代理し，又は代行すること。

税務署等へは決められた書類を決められた期限までに，確定申告書その他さまざまな書類を提出する必要があります。この業務の代理，代行は，税理士だけができることとなっています。

また税務調査等があった場合に，納税者の人に代わって税務署等に主張をできるのも税理士だけです。

二　税務書類の作成業務

税務官公署に対する申告書等を作成する業務

納税者の確定申告書等の作成も税理士でないと行うことができません。

これは有償および無償にかかわらず行うことができないというルールなので，タダで手伝ってあげても法律違反ということになります。

三　税務相談業務
　税務官公署に対する申告等，主張等又は申告書の作成に関し，租税の課税標準の計算に関する事項について相談に応ずること。

　税務署等に提出する申告書等を作成する場合には，まずその税金の計算の基礎となる金額（これを課税標準といっている）を計算することが必要となります。

　この課税標準の具体的な計算についての相談は税理士でなければ応じることができません。

四　訴訟の補佐人としての業務
　租税に関する事項について，裁判所において，補佐人として，訴訟代理人である弁護士とともに，出廷し陳述すること。

　この業務は，平成13年の税理士法の改正により新たに税理士が取り組めるようになった業務です。租税の制度が複雑化することにより，法律の専門家である弁護士であっても，租税に関する事項については租税の専門家である税理士のサポートが必要な場面が多くなっています。従来は，弁護士の内部的なサポートにとどまっていましたが，この制度ができたことにより，税理士が弁護士とともに直接裁判所に出廷し，意見を陳述することができるようになりました。

　しかも，税理士が行った陳述は，単なる参考意見ではなく，原則として当事者または訴訟代理人が直接意見陳述したものとみなされます。それだけに高度な租税制度の専門家としての能力が求められる業務といえます。

五　会計参与
　会社の役員として，取締役と共同で計算書類を作成する業務

　これは，平成18年より施行された会社法において認められた制度です。会計参与制度とは，近年進められてきたさまざまな会計制度の改革（キャッシュ

フロー計算書，税効果会計，退職給付会計，連結会計，減損会計等）が公開企業を中心に進められ，ほぼ制度が固まってきたことを受け，次のテーマとして中小企業の財務諸表の信頼性を向上させ，中小企業が健全に発展できる制度の整備が必要となってきたという背景のもとに誕生した制度です。

◇税理士と公認会計士だけがこの業務を行うことができる

会社法では，「会計参与は，公認会計士若しくは監査法人又は税理士若しくは税理士法人でなければならない。」（会社法333条）とし，この制度を担える専門家として税理士と公認会計士を選んだわけです。

会計参与は，従来からあった取締役，監査役と同様に，会社の役員として新設され，会社法においても，わざわざ会計参与のために多くの規定を作って導入しています。

つまり，国としても，中小企業の会計制度の健全化を本気で考え，その具体的な役割を会計，税務の専門家である公認会計士と税理士に託した制度であるともいえます。

◇会計参与は取締役と共同で計算書類を作成する

会計参与は，以下のような業務を行います。

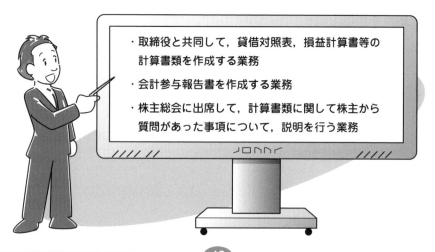

・取締役と共同して，貸借対照表，損益計算書等の計算書類を作成する業務

・会計参与報告書を作成する業務

・株主総会に出席して，計算書類に関して株主から質問があった事項について，説明を行う業務

つまり，会計参与がいる会社の作成した財務諸表は，会計参与が，会計の専門家として取締役と共同して財務諸表を作成しているため，外部の利害関係者にとっては，より高い信頼性を持つことができるようになるわけです。

事実，既にいくつかの金融機関では，会計参与を設置している会社に対して，金利面等で優遇するなど具体的な変化が現れてきています。

◇上記の他の付随業務

なお，上記の業務に付随して，税理士は，下記の業務を行うことができるとしています。これらの付随業務は，税理士の独占業務ではありませんが，税理士の業務と密接に関係するものなので，付随業務として定めているものです。

一　財務諸表の作成

これは，会社の決算書の作成を行う業務です。中小企業においても「中小企業の会計指針」が整備され，従来のように税務処理を優先した決算書ではなく，税務と会計の専門知識を反映した決算書を作成することが重要となってきています。

二　会計帳簿の記帳の代行

会計帳簿の記帳をお手伝いする業務です。飲食業，経理社員を雇用する余裕がない企業などの会計データの作成を行います。

三　その他財務に関する事務

税理士業務に付随して行う経営支援，事業再生支援業務などがあります。

税理士の義務

税理士に上記のような業務を独占的に行わせる以上，税理士には守らなくてはならない義務規定を課しています。

A 脱税相談の禁止義務

「税理士は，不正に国税若しくは地方税法の賦課若しくは徴収を免れ，又は不正に国税若しくは地方税の還付を受けることにつき，指示をし，相談に応じ，その他これらに類似する行為をしてはならない。」（税理士法36条）として，脱税相談を禁止しています。

税理士は，「税務に関する専門家として，租税に関する法令に規定された納税義務の適正な実現を図る」ことを使命としている以上，これは当然のことなのです。

したがって，もし税理士がこのような行為を行った場合には，戒告，1年以内の税理士業務の停止または税理士業務の禁止の懲戒処分のほかに，さらに3年以内の懲役または200万円以下の罰金という刑事罰も科せられるという非常に厳しい処分を受けます。

B 信用失墜行為の禁止義務

「税理士は，税理士の信用又は品位を害するような行為をしてはならない。」（税理士法37条）とし，税理士の信用と品位の向上義務を課しています。

C 守秘義務

「税理士は，正当な理由がなくて，税理士業務に関して知り得た秘密を他に洩らし，又は窃用してはならない。税理士でなくなった後においても，また同様とする。」（税理士法38条）として，税理士に守秘義務を課しています。税理士は，その業務の性格からして，納税者の資金繰りや損益状態だけでなく，会社の重要な経営情報に日々接する機会が多くなります。この守秘義務に違反した場合には，税理士業務の禁止，1年以内の税理士業務の停止または戒告という懲戒処分の他，2年以下の懲役または100万円以下の罰金という刑事罰も科せられます。

なお，ちょっと注意したいのが，この守秘義務は，税理士だけでなく，税理士事務所に勤務する社員やアルバイトなどの臨時的な使用人に対しても同様の

義務を課していることであり，もし社員等がこの守秘義務を守らなかった時には，税理士の場合と同じように，2年以下の懲役または100万円以下の罰金という刑事罰が科されるので注意していただきたいです。

D　助言義務

税理士は，もしクライアントの会社が次のようなことを行っていた場合には，直ちに指摘し，これを是正するように助言しなければならないとしています（税理士法41条の3）。

- クライアントが不正に国税または地方税についての賦課もしくは徴収を免れようとしている場合
- クライアントが不正に国税または地方税について還付を受けようとしている場合
- クライアントが国税または地方税の計算の基礎となる事実の全部もしくは一部を隠蔽または仮装しようとしている場合

E　研修受講義務

税理士は，税務に関する専門家であり，また，中小企業のさまざまな支援制度を担う専門家としての社会的要請もあり，平成27年4月から，年間36時間の研修受講が義務化されています。

税理士の受講時間はホームページで公表されますので，しっかり受講義務を果たす必要があります。

2 税理士の具体的な業務

　税理士は，税理士法に規定している税理士本来の業務の他にも，実にさまざまな業務を行っています。

　ここでは，税理士が日頃どんな業務を行っているかを紹介してみたいと思います。

月次顧問業務

　税理士の業務の中心といえる業務です。企業や個人事業主のかかりつけ医として，経営全般に関するさまざまな相談にのるのが仕事です。

　具体的には，月単位でサポートしていく業務と年1回の決算申告業務をワンセットで，顧問契約を締結して仕事を請け負うことが多いです。

　一度顧問先として面倒を見始めると，基本的にはずっとその企業，具体的にはその企業の経営者とお付き合いしていくことになります。つまり一生の付き合いが前提となる仕事です。金融機関の場合には，融資時期だけの企業との付き合いが中心になるのに対して，税理士の場合には，クライアントの方々とはるかに深く長い関係を築くことができます。

　ただし，一口に月次顧問業務といっても，クライアントの大きさや経理，総務部門のスタッフの数等により，実際の業務内容はさまざまです。

◇個人事業主や経理スタッフがいない小規模会社の場合

　社員がいない個人事業主の場合や，会社の規模が大きくなく経理社員等を用意する余裕がない会社の場合には，日々の会計データの入力のサポートから入ることが多くなります。いわゆる記帳代行業務というものです。

　この記帳代行業務は結構時間と労力がかかるので，月次顧問業務で行う場合，この入力業務に多くの時間がかかることが多いのです。比較的小規模であるた

め入力仕訳数はそれほど多くはありませんが，現金の管理が十分でないケース
や社長等が立替払いをしている場合など，帳簿では見つけづらい取引が多く発
生していたりするため，これらの会社の月次監査の場合には，社長に立替払い
等がなかったかどうかなどを確認しながら進めていかなければならないのです。

◇経理スタッフがいる中規模会社の場合

　会社の規模が大きくなってくると，会社自身で会計データの入力や管理を行
う必要が出てきます。会社の規模でいうと，50名前後というのが典型的な大
きさです。このくらいの会社規模となると，経理担当者が2名くらい，販売お
よび仕入管理で2名くらい，常勤取締役が代表者の他に2〜3名くらいで経営
管理を行っている会社が多いです。したがって，会計データの入力を始めとし
た経理実務は社内で行っています。

　このような会社の場合，会社のニーズによりけりですが，以下のような仕事
が中心となります。

- 経理スタッフが入力したデータを会計面および税務面からチェックして毎
  月の試算表を確実なものにする。
- チェックが終わった月次試算表を基礎として，期末までの損益見込みおよ
  び資金繰り見込みを行う。
- 毎月の経営会議に出席して，当月までの経理面の指摘や，損益状況および
  資金繰り状況について報告を行う。
- 経営会議等で承認された投資計画や財務計画を損益計画や資金繰り計画に
  随時落とし込んで，経営計画を修正，チェックしていく。
- 時には，経営陣と使用人側での経営計画に関する意思疎通を図るために，
  部長等を相手に財務諸表の見方，損益と資金繰りの違い，また事業計画の
  策定の仕方等について講義を行ったりする。

◇現場スタッフとの連携がないといい仕事にならない

　このような会社の場合，税理士が直接対応するのは，社長より経理部門のス

タッフや経理，財務担当役員の方が多くなってきます。

　前頁に書き記したような業務は，これらの人たちとの連携がうまくいかないといい結果を生みません。では，どのようにしたら現場スタッフとの連携がうまくとれるのでしょうか。

　これには，一にも二にも，税理士という会計の専門家として，その会社の現場スタッフに信頼してもらうしかないと思っています。

　現場の経理スタッフの人たちは，日々その会社の経理に携わっており，自分たちが一番その会社の経理状況や財務状況を把握していると自負しています。ですから，関与し始めて間もない頃は，実はこの現場スタッフの方々からの目線が一番厳しいことが多くあります。

　「社長は今度の先生はいい先生だと言っていたけど本当かしら？」「掛け声倒れだったら，早めに社長に忠告しなくちゃ」という視線を感じることもしばしばです。

　でも，これは当たり前のことで，たとえば初めて病院を訪れたときには，皆「この先生腕はいいかな？」「どれくらい経験があるのだろうか？」「親身になって相談にのってくれる人かな？」という目で見ているはずです。

　経理のデータを見れば，その会社の中身が全部わかってしまうので，経理スタッフとしても対応に慎重になるのは当たり前であって，むしろそういった対応があるほうが，こちらとしても「きちんとした経理スタッフがいるのだな」と安心できるわけです。

私「今月の経営会議は20日だけど，先月予約した15日に月次の監査に行って大丈夫？」
経理「はい，大丈夫です。よろしくお願いします」

　当日訪問し，その月の会計データのチェックを行い，入力データの修正を指示したうえで，経理スタッフおよび財務担当役員と経営資料についてのディスカッションを行います。

◇公開準備および公開会社の場合

　公開を準備している会社や，公開会社，公開会社の出資を受け入れている会社の場合には，さらにいろいろな人と共同で作業をしていくことが多くなります。私が見ているクライアントの中にも，最初は数人で始めた会社が社長の優れた経営能力を武器に数年で大きく育っているところがあります。

　このクラスまでいくと，内部での経営管理能力を強化する仕組み作りが重要となってきます。この会社でも，経理部門が日々の経理処理を行い，経営企画部門が予算管理を行い，毎月の経営会議で両部門のデータを突き合わせた結果の報告を行う経営サイクルを確立しています。

　このような会社では，会社の経営サイクルに合わせて，各部門のスタッフに経営会議に向けてのデータを揃えてもらい，それをチェックし，経営会議に間に合うように必要な資料の作成を指導していくことが，税理士の主な仕事になってきます。いわば行司役です。

私「そろそろ今月の月次監査をする時期だけど準備はどう？」

経理「来週の月曜日なら大丈夫だと思います。売上管理部門からのデータ報告が今週中にありますから，そのデータが入れば試算表が完成できますので」

私「了解。じゃ来週月曜日ね」

◇月次監査に訪問する

私「一通り見たけれど，いくつか確認しなければならないことがあるね。まず今月貸付金が発生しているね。これに関する内部統制資料と，金銭消費貸借契約書とかはある？」

経理「貸付決定に関する取締役会の議事録等は，経営管理部門で保管しています。また金銭消費貸借契約書は，法務部門だと思います」

法務「これが，金銭消費貸借契約書です。作成は顧問弁護士の先生にお願いしました」

私「税務のアプローチからすると，この契約内容だと複数の処理ができる含み

があるね。これは弁護士さんに直接聞いたほうがいいね」

法務「お願いします」

　実は，こういう契約行為1つをとっても，民法上または会社法上は契約自由の原則から全く問題ないケースでも，税務ではその契約を行った真の目的まで踏み込んで，経済的な利益が実質的には誰に帰属するかを判断しなければなりませんし，税務調査でもこれと同じ目線での議論になることが多くあります。

　このような目線でのチェックが，税理士の大切な仕事の1つです。このチェックは，実際に当事者から契約に至った背景や目的などを聞かないと判断できないので，会話力も必要となります。

私「経営企画のほうの資料はどう？」

経営企画「今月および来月までの売上予測はほぼ固まってきています。原価および販売費・一般管理費の予測を入れて，今晩には損益予測の報告ができると思います」

私「了解。資金繰り予測のほうはどう？」

経営企画「数日中には送れると思います」

とちょっと小さい声。

私「忙しいとは十分わかっているのだけど，頼むよ。最近いつも経営会議直前だからね。どきどきしちゃうから。2日前くらいには頂戴ね」

と優しい言葉遣いながら，少し強い口調で話す。

◇ **経営会議当日**

私「今日の経営会議だけど，どうやって進める？　私のほうで，確定の実績の部分と経営企画ベースの予測を入れた資料で，今期の損益および資金繰りの予測に関する説明をするから，経営企画さんのほうで補足説明をしてくれるかな？」

経営企画「了解です」

私「特に，粗利益率の見込みの部分と，今後の投資計画，財務計画の部分を補

足して。それから，この電話を経理に回してくれる？」

経営企画「わかりました」

私「今日の経営会議の出席者は，監査法人の先生を含めて 10 名だと思うから，試算表の準備をしておいてね」

経理「了解です」

こうやって，経営会議の下打ち合わせをしたうえで，経営会議に臨みます。

創業後すぐ急成長して大きくなったような若い会社では，全体の事務を取りまとめて指示を出していく管理職が不足している場合が多くなります。このような会社の場合，社外上司のような形で会社の業務の進捗状況を管理し，指示を出していくことも，税理士の重要な仕事なのです。

決算申告業務

これも，税理士の業務の中核をなしている業務です。会社は，原則として年1回決算を行って，損益計算書や貸借対照表等を作成し，1年間の経営成績や決算日現在の財政状態を株主総会に報告し，数値を確定させる作業を行っています。この作業を決算作業といいます。

この決算書の数値が，会社の評価に直結し金融機関からの資金調達にも大きな影響を及ぼすので，会社の経営者にとっても一番の関心事です。

税理士が関与するクライアントは中小企業が中心なので，経理部門という間接部門に多くのコストをかけられないところが多く，必然的に決算作業のほぼ全部を税理士に依頼しているのが実情です。

◇決算作業は長丁場

では，税理士事務所で行っている決算申告業務とは，実際にはどうやっているのでしょうか。

行う作業は，その会社の1年分のすべての科目の棚卸作業を行うと思ってもらえばよいです。つまり，前期から繰り越された資産と負債を使って，その企

業がどのような事業活動を行い，その結果として来期に向かってどのような資産と負債を繰り越したかをすべて検証する作業なのです。

　したがって，1日で全部行うことは，どんなに小さな企業でもできません。この棚卸作業だけでも，ずいぶんと時間がかかるわけですが，これに加えて企業は消費税を預って納める義務を負わされていますので，1年間のすべての取引について，1仕訳ごとに消費税のチェックを行い，正確に処理しなければなりません。このチェックにも多くの時間が必要です。

　そして，やっと決算手続きが一通り終わったら，税金の計算を行っていかなければなりません。そして，税額について最終的に決算整理仕訳をして，決算書に落とし込んで初めて決算作業と申告作業が完了します。申告書の提出と税金の納付は，通常は事業年度末日から2カ月以内に終了しなければならないので，これらのすべての作業を2カ月以内にやるわけです。

　これらの処理は，すべてコンピュータに入れてある会計ソフトと税務申告ソフトを使って行うので，コンピュータとにらめっこしていることが多くなります。

◇せっかく頑張って決算を組んでも社長に叱られる

　ここで，経験が浅い人がよくしてしまうミスがあります。決算作業と税務申告作業は，1人で黙々とやることが多いからなのですが，経験が浅い人は，1回決算作業を始めると深く潜行してしまいがちで，「できたー！」と仕上げてくるのが，申告と納税の期限ギリギリになりやすいのです。

　そして，社長に連絡する時になって初めて気がつきます。「納税額が大きい！　こんな直前になって，資金繰り大丈夫かな？」と不安になるのです。そして，恐る恐る社長に電話をかけて内容を話すと，いやな予感は的中。「何！そんな金額，こんな直前になって準備できるはずないじゃない。なんでもっと早く概算でもいいから教えてくれないわけ？」と雷が落ちるのです。

　これが，この決算という仕事の難しいところです。いくら完璧で正確な決算書や申告書を作っても，そこまでの事務処理の進め方や社長とのコミュニケー

ションの取り方，納税の概算額を算定するタイミングを間違えてしまうと，仕事に対する評価が十分に得られないのです。

◇スケジュール管理と社長とのコミュニケーションがとても大事

したがって，まずは決算のスケジュール，申告書作成のスケジュール，決算の概要と納税見込みを社長と相談するスケジュールを組むことが，何より大切になります。

私の事務所では，すべてのクライアントについて年間スケジュールと決算スケジュールを作って，決算前に事前対策相談をすることに力を入れており，また損益予測と資金繰りの予測を事業年度の初めから作ることを心がけていますので，新人でも上記のような雷を落とされる心配はまずないのですが，これは気をつけたいポイントです。

◇決算書の作成ルール

経理担当者向けの決算書作成セミナー等で，よく受講者の方に「決算書って誰のために作成するか知ってる？」とか，「決算書を作成するためのルールは誰が作ったの？」とはじめに質問をします。皆さんはわかりますか？

決算書は一義的には，株主のために作成します。したがって，決算書作成のルールは，株主の求めに応じて作成されたものです。なぜでしょうか？

株式会社は，株主が自己資金を会社に出資して設立されます。そして，その出資されたお金を増やす作業を経営者に委託する仕組みとなっています。つまり，株主は，お金は持っていますが，これを増やす経営ノウハウを持っていない人であり，経営者とは，お金は持っていないものの，これを増やす経営ノウハウを持った経営のプロといえます。したがって，経営者は，株主の期待する利益を上げた場合には成功報酬を得る契約をしてから，経営を引き受けるわけです。まさに，経営者とはプロ野球選手やプロサッカー選手と同じで結果勝負で生きている人たちなわけです。

株主は，会社の経営を任せた経営者の経営能力を評価するために，1年に1

回株主総会を開催して，そこで結果を報告させます。この報告資料が決算書となるわけです。

ここで，次の質問をしたいと思います。「それでは，この決算書は誰が作成しますか？」。答えは経営者です。ここにリスクが潜んでいることがわかると思います。経営者はプロサッカー選手と一緒で，1シーズンの成績が振るわなければ解雇されるリスクと向き合っています。その人が自分で自分の成績表を作成します。そうなんです。リスクとは「粉飾決算」をしてしまうリスクです。悪い成績表を株主総会で報告すれば，大幅な減俸か解雇は免れませんから，意図的に売上を増加させたり，経費を少なくする可能性があるわけです。

したがって，会社の決算スケジュールには，「監査」というステップを株主総会前に置くことにより，この粉飾決算リスクを排除させようとしています。この監査業務は，監査役が行い，上場企業や会社法上の大会社の場合には，さらに会計監査人である公認会計士の監査が義務付けられています。上場企業等の場合には，非常に多くの株主が存在しており，万一粉飾決算が見過ごされた場合の影響が非常に大きいため，会計監査人の監査を義務付けているわけです。

会計監査人は，「会計基準」という会計ルールに従って決算書が作成されているかを監査することを主たる業務としており，上場企業の場合には，この会計監査人から監査是認の意見書をもらえなければ上場を維持できませんから，おのずと決算書作成ルールをしっかり守った決算書が作成されるわけです。

一方，中小企業はどうでしょうか？　多くの中小企業の場合，経営者と株主が同じであることが普通です。つまり，経営者である自分が株主である自分に報告をすることになり，上場企業のような緊張関係が生まれず，また，上場企業が採用している会計基準は，大規模な会社を前提とした複雑で多くの工程数がかかるため，中小企業の決算では，なかなか会計ルールが普及しませんでした。

中小企業にとっての一番大きな外部の利害関係者は，金融機関と税務署です。金融機関は自社の資金繰りを円滑にするために必要であり，税務署は，3年から5年に一度厳しい税務調査を行います。したがって，従来は，税法に準拠し

た決算書を作成することが長く続いており，金融機関もやむを得ず，この税法基準の決算書で融資審査を行ってきました。

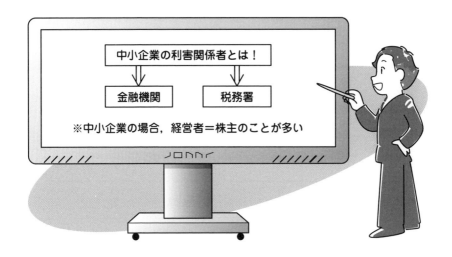

中小企業の利害関係者とは！

金融機関　　税務署

※中小企業の場合，経営者＝株主のことが多い

　しかしながら，決算書は本来株主のために作成されるものであり，1年間の企業活動を正確に把握しなければ，強い会社に成長するための対策を講じることはできませんから，中小企業の実態に合った会計ルールを普及させようという気運が高まってきたわけです。このような気運の高まりを受けて，日本税理士会連合会，日本公認会計士協会，日本商工会議所，企業会計基準委員会の4団体が集まり，平成17年8月に「中小企業の会計に関する指針」が公表され，これを今後の中小企業に対する会計ルールのスタンダードとすることとなりました。

　この「中小企業の会計に関する指針」は，平成18年5月に施行された会社法で新たに導入された「会計参与」制度において，その具体的な担い手である税理士と公認会計士が会計参与として中小企業の決算書類を作成するための指針として使用することにもなっています。

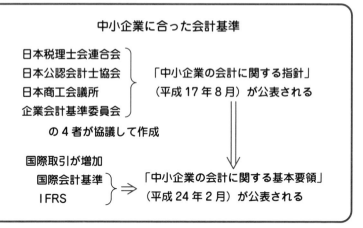

◇金融機関の対応

　この制度が定着するためには，中小企業にとって実利があるかどうかにかかっていましたが，金融機関がその役割を果たしました。金融機関や保証協会等が，その融資審査にあたって，「中小企業の会計に関する指針のチェックリスト」の提出を求め，この指針に従って決算書を作成している企業に対しては，利率や保証料を優遇する動きが強まり，この「中小企業の会計に関する指針」は，中小企業の計算ルールとして定着してきました。

◇国際会計基準の動きで中小企業会計にも影響が出た

　皆さんも，会計の勉強を進めていると思いますので，新聞や書店等で，国際会計基準とか IFRS という言葉を見聞きしたことがあるかと思います。国際間の取引が活発化するにつれて，株式市場においても，外国人投資家のウエイトが高まってきました。最初に述べたように，決算書は株主のために作成しますから，外国の投資家からすれば，グローバルに投資をする際に，決算書の作成ルールが国によって異なっていては，比較検討が難しく不便です。そこで，グローバルに会計ルールを統一しようという動きが高まってきました。これが，国際会計基準という動きです。そして，日本の会計制度においても，この国際

会計基準の影響を受けて，多くの改正や新しい制度の導入がどんどん行われて，今まで以上に複雑な会計制度となっていきました。会計基準の改正等の動きを受けて，その簡便版である「中小企業の会計に関する指針」も，必要に応じて改正が行われてきました。

　これにより，本来中小企業の実態に合わせて導入された「中小企業の会計に関する指針」も，それなりの重い制度となり，再度中小企業の会計制度を見直す必要性が高まってきたわけです。

日本の会計基準

1. 「企業会計基準」等 　　　　　　　大企業（上場企業）
　　　　　　　　　　　　　　　　　　　が適用

2. 「中小企業の会計に関する指針」 　　中小中堅企業
　　　　　　　　　　　　　　　　　　　が適用

3. 「中小企業の会計に関する基本要領」 　中小零細企業
　　　　　　　　　　　　　　　　　　　が適用

◇中小企業の新たな会計ルールが公表された

　上記経緯を経て，平成24年2月に，新しい中小企業の会計ルールとして，「中小企業の会計に関する基本要領」が公表されました。これにより，現在は，大企業向けの「企業会計基準」，中堅企業や会計参与を設置しているような企業向けの「中小企業の会計に関する指針」，そして，中小零細企業向けの「中小企業の会計に関する基本要領」の3つの会計ルールが，必要に応じて適用されることとなっています。この「中小企業の会計に関する基本要領」については，「チェックリスト」が用意されており，日本政策金融公庫や信用保証協会等が融資審査にあたって活用していますので，担当者は，このチェックリストのチェック項目をよく理解して対応することが重要です。

税務調査立会業務

　税務調査と聞くと，映画『マルサの女』を思い出す人も多いでしょう。映画の内容は，税務調査であることは間違いないですが，実は税務調査にもいろいろな段階があります。

　税理士事務所が立ち会う調査は，大部分が３年から５年に一度の割合で行われる確認のための実地調査といわれるものです。調査の対象は，法人のクライアントが大部分ですが，個人事業主でも規模が大きい場合には，法人と同様の取扱いになるところもあります。

　これらの確認調査は，申告納税制度で税金を納めることとなっている所得税・法人税などの税金グループにとっては，必要不可欠な制度となっています。申告納税制度とは，納税者の人が自分たちで税金を計算し，申告書を作成してそれにより納税をする税金の制度です。つまり，最終的な税金の計算まですべて納税者に任せてしまう制度なので，税務署のほうで事後的にその内容が正しいかどうかをチェックする制度がどうしても必要となります。それがこの３年から５年に一度の割合で行われる確認調査です。この頻度で行われるのは，税務署が調査をして誤りがあった時に，これを職権で修正できる（これを更正処分という）期間が法人税や所得税の場合は５年とされているためです。

　したがって，税務調査に入られたというと，何か不正なことをした会社ではないかと思う人もいるかもしれませんが，この確認調査であることがほとんどなので心配する必要はないわけです。

　ただし，中には意図的に脱税を行っている人もいるわけで，これらの人を野放しにしておくと不公平感が広がり，この申告納税制度というものが維持できなくなってしまいます。そこで，強制的な権限を持って，こういう悪い人を摘発することを目的とした税務調査が行われることがあります。これが「査察」と呼ばれる強制調査であって，各国税局の査察部という部署が担当しており，『マルサの女』で紹介された税務調査も，この国税局査察部の調査が題材となっています。

◇確認調査の場合には，事前に連絡がある

　税理士事務所が立ち会う「確認調査」の場合，原則として事前に税務署から税理士に電話がかかってきます。

税務署「先生ですか。○○税務署ですが，今回先生が関与されている○○会社さんの税務調査を行わせていただきたいのですが，社長さんにご連絡していただき，日程の調整をお願いします。調査の日程は２日くらいを考えていただきたいのですが」
私「わかりました。社長に連絡をとって，日程を調整してご連絡します」

　というやりとりをして，あらかじめ日程を決めてから行います。あくまで，申告内容の確認調査であり，納税者の協力が不可欠なのですから，課税逃れなどの不正行為が行われていると予測される場合を除いて，事前に通知されることになっています。

◇新人の頃の立会いは緊張の連続

　通常の確認調査の場合，調査官は１名ないし２名での調査となることが多いです。こちらも，スタッフと私の２名で立ち会うことが多く，今でこそ私もいろいろな調査官に出会い，調査手順等もわかってきているので，それほど緊張しませんが，若いスタッフはやはり相当緊張しています。自分が入力したり，月次チェックをした内容がチェックされるわけだし，大丈夫と思ってもやはり不安があるものです。

　調査は，朝10時からスタートして，午後５時くらいまで行うのですが，夕方くらいになると，スタッフはもうくたくたです。経験を重ねれば必ずうまく対応できるようになるので，頑張ってもらいたいものです。

◇税務調査を内部管理体制の外部監査と前向きに捉えてみる

　前にも述べましたが，税務調査というものは，申告納税制度を支えるために

大変重要な機能です。税務調査で意図的な租税回避行為，脱税行為，単純な計算間違いなどを調べて指摘していかなければ，不公平感が増加してこの制度は維持できなくなってしまいます。

　しかし，税務調査を行うといっても，調査時間や調査を担当する人も限られているので，できるだけ効率的な調査を行い，意図的な脱税犯など，申告納税制度を維持していくことに対して脅威となるような案件に，人と予算を集中していただきたいと考えています。

　実際，最近の調査官の場合には，この税務調査の制度の趣旨をよく理解して，適正な会計処理と税務処理を行っている場合には，それで良しとするケースも多くなってきました。

　税務調査では，売上の管理状況，計上基準，売上計上の事務フロー，売掛金の回収フローや債権管理状況，仕入，外注費などの原価管理方法，仕掛，棚卸しの確認方法，人件費の管理状況，その他の経費の管理状況など，会社の基本的な経営サイクルに関わる項目を詳しく確認し，会計帳簿と原始資料，会社作成資料等と突き合わせていきます。

　いわば，税務面からの内部管理体制の外部チェックを行っていくわけです。会社の事業内容というのは常に変化しているので，数年に1回こういう外部チェックを受けることは決して悪いことではありません。

　もちろん，税務署は税金の徴収確保を目的としている機関であるので，会社の取引についての見解が会社の考えている見解と相違することも多く出てきます。

　こういった場面にこそ，税の専門家としての税理士の役割が期待されています。すなわち，独立した公正な立場で会社が行った取引の事実関係を判断し，税の取扱いとして適正な処理とはいかなる処理かを考え，主張していくのです。

　つまり，税務調査の立会いという仕事は，税理士が税法という法律の専門家であるという側面を強く感じさせる業務なのです。

　税務調査の業務を重ねていくと，民法，会社法など他の法律も組み合わせて判断していかなければならないことに気づかされると同時に，税務調査段階で

の対応の善し悪しが，その後の不服申立や税務訴訟の行方をも左右することが多くあり，「より研鑽を積んでいかなければ！」と感じています。

補佐人業務

　税務調査において特に指摘が無い場合には調査は終了しますが，もし，税務署が，「この計算はおかしい」という指摘をしてきたら，どうなるのでしょうか？　対応方法は2つあります。1つは，「わかりました。指摘事項を修正します」と言って，自主的に修正申告書を提出する方法です。でも，「いや，この処理は絶対間違っていない」という確信がある場合には，自主的に修正申告を行うことに抵抗があるはずです。税務署は，納税者が税務署の指摘事項を受け入れない場合には，「更正処分」という行政処分を行い，申告内容を強制的に修正して課税します。もし，納税者はその強制的な行政処分を受け入れるしかなく，どこにも訴え出ることができない制度だったとしたら，それはかなり封建的な国になります。しかし，日本は近代国家ですから，この処分に不服がある場合には，「不服申立」という制度を利用することができます（他の国でも同じような制度がありますが，国によって随分と違う制度となっています。税理士試験に合格されてから，このあたりを研究されると，国と国民との関係性を比較することができて，とても面白いと思います）。

　この「不服申立制度」には，2つの方法があります。1つ目は，更正処分通知の日の翌日から3カ月以内に，更正処分を行った税務署へ「再調査の請求」を行う方法です。再調査が行われ，その決定内容に不服がある場合には，1カ月以内に，国税不服審判所への「審査請求」を行います。2つ目の方法は，更正処分通知の日の翌日から3カ月以内に直接国税不服審判所へ「審査請求」を行う方法です。そして，この審査内容に不服がある場合には，それから6カ月以内に，地方裁判所に行政訴訟を提起できるという流れです。つまり，最終的には，いわゆる「裁判に訴える」ということになります。この裁判手続きを進めるには，代理人として弁護士を依頼することになります。弁護士は，各種の法律に対して幅広い知識を有していますが，税法という非常に難解で改

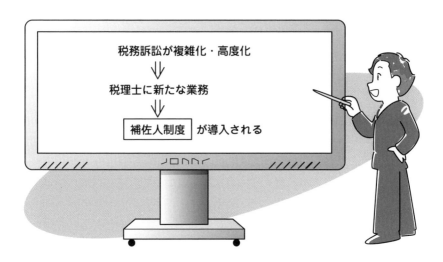

正も多い分野の知識を常にアップデートしていくのは難しいという現実があり，そのサポーターが求められるようになりました。そして，平成13年の税理士法改正により，このサポーター役として，税理士に対して「補佐人」という資格が与えられ，訴訟代理人である弁護士とともに裁判所に出頭して，意見陳述ができるようになりました。つまり，税理士も，裁判に参加できるようになったわけです。

　税理士の中には，この分野の専門性を徹底的に磨いて差別化を図っている税理士も増えてきており，税理士業務の中でも，1つの重要なエリアとなってきています。

　税法も人が作ったものですから，初めから完璧ではありません。実際にその法律を動かしながら，「ここはおかしいぞ」ということが必ず発生するわけです。したがって，国に対して，裁判で訴えることは怖いと思う必要はありません。もちろん，感情的に訴えるのは避けるべきですが，法律の解釈としておかしいと思えば，上記のような不服申立制度を活用して，制度をより良くしていく必要があるわけです。実際に，行政裁判を行うと，お互いに書面で冷静に法律論をたたかわせることになり，テレビで見るような，「訴えてやる！」といった激論が法廷で応酬されるのではないので，最初は少し面食らうかもしれ

ませんが，今後ニーズが拡大する税理士の業務の1つだと思います。

個人確定申告業務

　これも，税理士事務所にとって，毎年必ず行う業務の1つです。法人のクライアントと違い，個人はその年1月1日から12月31日までの所得について翌年2月16日から3月15日までに確定申告を行って，税金を納めなければなりません。

　法人の場合，事業年度を自由に選べるため申告時期もまちまちですが，個人の場合，事業年度というものが選択できないルールとなっていますので，必然的に申告時期が一時期に集中します。だから，確定申告業務は，税理士事務所にとっては1年に一度の短期集中型の繁忙業務といえます。

　忙しくなるのはわかっているので，前もって仕事を進めたいのですが，実は1月からの税理士事務所の業務はとても忙しいのです。まず，1月に入ると，すぐに個人や小規模の会社が選択している源泉所得税の半年分の計算があり，その他にも，法定調書の作成，提出，償却資産税の申告書の作成，12月決算法人のうち上場子会社などの決算および申告書の作成（上場子会社などの場合には，親会社の決算の都合等により，すぐに決算および税額計算を行う必要がある会社が多い）など1年に1回の季節的な業務が多く発生します。

　そして，2月になると，12月決算法人の決算申告業務が本格化します。日本の会社の場合，3月決算の法人が伝統的に多いのですが，最近は12月決算の法人も増えています。個人の確定申告の業務も2月から始めることが多いので，2月は法人の決算をやりながら，個人の確定申告の作業も行うという超繁忙期になり，そのまま3月15日まで一気になだれ込むといった感じです。

◇電子申告制度の普及で業務が大幅に省力化

　ここ数年，IT技術の進歩に伴い，税務申告や各種届出，納税などを電子データで簡単に行えるようになってきました。この電子申告の普及により，一番の恩恵を受けたのが，個人の確定申告業務ではないかと思います。個人の確定

申告の場合，法人の申告と異なり，すべての申告書を3月15日までに一度に提出しなければなりません。従来，紙で申告書を提出していたときは，申告内容が固まってから，これをプリンターでプリントアウトしたり，コピー機で，控え資料をコピーしたりという大量の印刷業務を短時間に行う必要があり，専用のコピー機を増やしたりして対応していました。また，各税務署への郵送準備も相当の時間がかかり，3月15日の午後11時くらいに，24時間対応の中央郵便局に大量の申告書をタクシーで持ち込み，夜の12時を回らないかとひやひやしながら発送を行うという「シンデレラ」のような風景が風物詩のようになっていましたので，電子申告を事務所で行えるようになったことにより，確定申告業務も随分と変わりました。もちろん，そのための専用システムを構築しなければならないなど，別の投資が必要にはなっていますが，電子申告により省力化が図れて非常に助かっています。

相続対策＆相続税申告業務

　現在日本において年間何人の人がお亡くなりになり，うち何人の人に相続税がかかっていると思いますか？

　年間の死亡者数は約100万人であり，そのうち相続税の申告書を提出した人は5万人です。課税割合は5％。つまり100人が亡くなった場合，5人だけが相続税の課税対象となっているという計算です。また相続税による税収は1兆2,000億円で，国の税収に占める割合も1.5％程度とかなり少なくなっています（平成23年度データ）。

　このような課税割合の低さを解消するために，平成27年から相続税が増税される改正が行われましたので，相続税が今まで以上に身近な税金となってきました。特に，大都市圏など地価が高い地域で影響が顕著で，「うちは，相続税なんか考えなくても大丈夫」と思っていた世帯でも，「おやおや。うちでも，相続税がかかりそうだぞ」と思う方が増えています。今後，相続税の試算や相続対策相談にしっかり対応できる税理士のニーズが高まると予想されています。

◇一生に一度の税金

　相続税の特徴の1つは，人が亡くなった後に，その亡くなった人の遺族にかかる税金ということです。つまり，一生に1回しか課税されない税金であり，遺族の方々も相続税の申告ははじめてという場合がとても多くなります。

　したがって，相続税の申告業務の場合には，他の税目以上に，最後の申告および納税まで無事に行き着けるように，遺族の方々をしっかりケアしてあげることが業務の中心となってきます。

　また，財産を所有していた人が亡くなっているので，「お父さん！　これでお父さんの財産は全部よね」と念押しすることができないため，しっかり手順を踏んで相続財産固めをしておかないと，後から「こんな財産もあった！」ということになりかねません。申告までに数カ月をかけてじっくり取り組んでいく業務といえます。

◇名義預金の指摘に遺族が大ショック

　相続税という税金のもう1つの特徴は，実は税務署が，相続税の申告書に記載されている財産より，むしろ相続税の申告書に記載がされない，相続人（遺族）名義の財産に関心を持っているということです。

　相続税というのは，亡くなった方が所有していた財産を基礎に課税されるため，奥様やお子様名義の預金等は相続税の対象とはなりません。

　しかし，もし仮に今回お亡くなりになった人が，生前に自分の預金から毎年一定額を奥様名義の預金通帳に移動していたとします。ご主人の意思としては，自分に何があっても妻が大丈夫なようにしてあげたいということだと思います。つまり夫から妻への贈与があったという認識です。ただし，税務署の考え方はこのご主人の考え方とは違うことが多くあります。

　つまり，ご主人の財産を単に奥様名義の通帳へ移し変えただけで，そこには夫婦間で贈与の認識がなかったのではないかという考え方です。

　「奥様，この奥様名義の通帳を拝見しますと，毎年一定額がご主人より入金されていて，一切出金の履歴がありませんね。この通帳の管理は実際にはご主

人がやっていて奥様は自由に使えなかったんじゃありませんか？」と調査官。

「そんなことありません。このお金は主人が私の老後の資金として大事に貯めておいてくれたもので，毎年贈与を受けていたものです」と奥様が気色ばんで反論します。

「そうですか。こちらとしましては，確かに贈与があったということを資料等でご説明していただけなければ，実質的にはご主人の名義預金に該当するのではないかと考えます」と調査官。

長年夫が自分のために贈与してきてくれた行為を全部否定されてしまうわけで，このような場面での奥様のショックと怒りはとても大きいものです。

要は「贈与の事実」が遺族の方で立証できるかどうかであり，落ち着いて冷静に検証すれば必ずどこかに贈与の事実が立証できるヒントがあるので，私の事務所の場合，このような指摘があった場合でも遺族の方とともにじっくりと今までの経緯を振り返ってみることにしています。

また，生前贈与の仕方に工夫をすれば，後から悔しい思いをせずにすむので，専門家に相談しながら進めてほしいと思います。

事業計画策定支援業務

これは，会社の今後の事業計画を社長とともに作成する業務です。人でも企業でも，夢を描かなければ絶対に叶いません。事業計画とは，企業の，つまり社長の描く夢を具体化したものであり，現実の経営活動とはその夢を実現させていくための活動です。

自分の夢が実現できた瞬間。これは人生で最高に幸せな瞬間でしょう。皆さんは今までどれくらいそのような経験をしてきているでしょうか。小さい夢，大きい夢。夢にもいろいろな大きさがあると思いますが，やはり常に夢を持ってチャレンジしていたいものです。

◇会社の夢作りのお手伝い

会社の事業計画とは，会社の夢を実現させるための計画です。会社には，社

員がおり，社員には家族がいて，それぞれの人生が一緒に動いています。つまり，会社という船が大きくなればなるほど，同じ船に乗って動く人が増えるわけで，事業計画の重要性も増してきます。

　ところで，皆さんは，経営者にとって絶対必要な経営能力を1つ挙げなさいと言われたら何を挙げますか。

　これは一にも二にも「営業力」です。売上が上げられなければすべてが始まらないからです。この営業力に関しては，経営者，特に着実に業績を伸ばしている経営者にとっては，得意分野であるという人が多いです。しかし，ものすごい営業力を持っている経営者でも，「細かい数字はダメだな。数字のことはよくわからないよ」と言う人も実はとても多いのです。そう，中小企業の経営者の方々は，数字に苦手意識を持っている人が多数派なのです。

◇**数字に強い経営者作りのサポートも重要な業務**

　では，なぜ経営者の人が数字に苦手意識を持ってしまうのでしょうか。これは，私たち税理士にも責任があるかもしれません。

社長「先生，現在の当社の状況はどうなっているか詳しく知りたいのですが，資料は何を見ればよいのですか」
税理士「そうですね。試算表が先月までできているので，これで概略がつかめます。試算表の数値の細かい動きは，総勘定元帳という資料を見れば全部のっていますし，仕訳日記帳を見てもわかりますね」
社長「試算表ねぇ。預金の残高と，当月が黒字だったか赤字だったかぐらいしかわかんないよ。イメージがわかないよ。まして総勘定元帳？　あれは全然わからないね」

　確かに，仕訳伝票，総勘定元帳，試算表といった資料は，会社の状況を正確に把握できる資料ではありますが，本来は会社の決算を組んで財務諸表として公表していくために必要な資料なのです。つまり，ある程度簿記や財務諸表論

などを勉強しないと，ピンとこないし，営業力一本で実績を上げてきた経営者にとっては，全く無縁の世界なのです。

　それを毎月見せられても，「よくわからない」印象が積み上がっていくだけで，しまいには「数字は苦手だな。これは税理士さんや経理の人に任せて，自分はやはり営業に専念しよう」と苦手意識で固まってしまいます。

　つまり，税理士が「数字に苦手な経営者作り」をしてしまっている可能性が高いのです。

　試算表だけでなく，経営者が日頃営業で勝負している結果をイメージしやすい資料作りや，数字に苦手意識を持たずに逆に数字に強い経営者作りをサポートするにはどうしたら良いかを，真剣に考え実践していくことも今後の税理士の重要な仕事だと思います。

　その有効なツールの1つが，この「事業計画」を社長と一緒に作成していく仕事だといえます。

　この事業計画を社長と一緒に作成することを経験していくと，いろいろな悩みにぶつかります。この「悩む」という経験こそが，経営ということへの興味，難しさへの理解となり，やがて，経営数値の理解へとつながり，経営全体の理解へと発展するとても良いサイクルを生み出すことが多いと実感しています。

　たとえば，売上計画を検討し始めると，売上を拡大させるべきか，現状維持の計画とすべきか，売上の分類は今のままでよいか，今の事業をさらに深めていくか，それとも新規事業を展開するかなど，考えることは山ほど出てきます。社長も営業計画のことは普段から自分の頭では何度も繰り返しているテーマなのですが，誰かとその営業計画について話し合うという経験は少ないものです。したがって営業計画を実際の数値に落とし込みながら一緒に話し合って事業計画として組み上げるこの業務は，経営者からはとても感謝される業務なのです。

◇人口減少社会でどのような戦略を描くかがポイント

　今，日本は，他国では例を見ない急速な人口減少社会となり，マーケットは縮小し，加えて，生産年齢人口の減少により，社員を確保することも難しくな

っていきます。つまり，今後，あらゆる産業や業種で，市場規模に比して，企業数が相対的に多くなり，単に事業計画を描くだけでは生き残れない難しい時代に突入することになります。

　第1章にも記載しましたが，1人当たりの所得水準を上げて，社会保障負担を吸収しなければならないことは明確なのですが，具体的に，どのような事業計画を策定すれば中小企業が今後生き残れるかは，いまだ確固たる方向性がなく，皆模索している状況です。

　中小企業は，大企業に比して手元資金や人材などの経営資源が乏しいため，何回も試行錯誤をする余裕はありません。このような中では，税理士がさまざまな最新の情報を収集して，できるだけ事業の成功率を上げる提案をしていくことが今後，とても重要になります。

事業承継支援業務

　中小企業の経営者の平均年齢が60歳を超え，10年後には約半数の経営者が70歳以上になるため，今，中小企業の事業承継を円滑に進めるための支援をする必要性が高まっています。

　この支援には，いくつかの方向性があります。1つは，高収益企業に多いのですが，過去の高収益の結果として，自社の株価が非常に高く，事業承継時の贈与税や相続税の負担の重さが支障となっているケースです。税の公平性の観点からは，財産の価値が高いのであれば，換金して税を負担すべきですが，非上場株式の場合，換金性が乏しいため，税による支援制度が必要となるわけです。具体的には，事業承継税制や，相続時の自己株式の取得に係る特例制度などによる支援を行います。

　もう1つが，中小企業が金融機関からお金を借りる際に借入条件として求められる「経営者保証」の引継ぎに関する支援です。最近の事業承継では，親から子への親族間での承継が減少し，従業員や第三者への非親族間承継の割合が高まっています。

　この経営者保証は，会社が借りた借入金に対する連帯保証制度ですから，親

族間であれば，それほど問題にならずに引き継いできたケースが多かったわけですが，従業員や第三者の場合には，この連帯保証の引継ぎがネックとなって，事業承継がうまく進まないケースが増えています。

　この経営者保証の解除に関しては，経営者保証ガイドラインが公表され，さらに，事業承継に際しての特別版として，経営者保証ガイドライン（特則）が策定されており，これらを使った経営者保証の解除支援が，税理士の重要な業務となっています。特に，次で紹介する「認定支援機関業務」と組み合わせて支援を行うケースが増えています。

認定支援機関業務

　認定支援機関業務とは，経済産業省に「経営革新等認定支援機関」として登録することにより行う中小企業の支援業務のことです。税理士資格があれば，申請により，すぐに認定支援機関として登録を受けることができます。

　この制度は，元々は，リーマンショック後の中小企業を支援するためにできた「中小企業金融円滑化法」が平成25年3月で終了されることを受けて，中小企業の事業再生を支援するための仕組みとして作られたものでした。その後，金融支援や事業承継税制などの税制支援などの各種施策の中に多く組み込まれ，今では，税理士が中小企業の支援を行うためには，必須の制度となっています。

創業支援業務

　脱サラによる独立開業，長年勤めた会社を定年退職して第二の人生としての独立開業，学生からいきなりの独立開業など，独立までの経緯は人それぞれさまざまです。共通していることは，独立した以上絶対に成功させなければならないということです。

　この業務は，人生のリスクをとって独立した方々の開業時のサポートを行い，軌道に乗せることをお手伝いする業務といえます。

◇安易なサポートはサポートにならない

創業支援といってもさまざまな分野がありますが，税理士が得意とするものとしては，事業計画の策定支援，金融機関からの開業資金の調達支援，立ち上げ時の経理事務支援などがあります。私が勤めていた政府系の金融機関は，特に中小企業の開業資金融資を公的な立場で支援していたので，私も融資担当者として数多くの開業者とお会いしてきました。

その経験で申し上げると，開業時の何もわからないときに，人に極力頼らず，また頼ったとしてもまず自分で考え納得してから行動しようとしている人は，大体成功しているように思います。逆に「ここは私の不得意な分野なのでぜひサポートしてください」といって，最初から丸投げでお願いする姿勢のある人は開業してもなかなか芽が出ない人が多いようです。

開業時は苦労するのが当たり前だし，資金が限られているのも誰でも同じです。その限られた資金でどうやって乗り切っていくか。ここを助けなしで乗り切るというくらいの覚悟でないと，厳しい市場の中では生き残れないと思うのです。

◇会計データを自分で入力する機会は最初だけ

事業を始めると，その日から必要となる業務に会計データの作成業務があり，この会計データの入力等を代行するサービスとして記帳代行サービスがあります。

開業時には，「社長は，自分の得意分野である営業に専念できる環境作りが大切です！　経理総務事務から解放されます！」などのキャッチコピーがとても気になるものです。

しかし，私の事務所では，飲食業や大工さんなど体が資本のガテン系の仕事で，どうしても時間がつくれない場合を除いて，開業時にはできるだけ会計データの入力を社長自身に行ってもらうように指導しています。

借方や貸方など簿記の知識が全くない社長でも，3カ月もすると自分で仕訳を入力できるようになってきます。この業務は，会社の規模が大きくなってし

まったら経験できません。とても地道な作業ですが，この経験が後で絶大な効果を経営者にもたらします。

　会計帳簿や決算書は，すべてこの1つの仕訳を入力することから始まっているわけで，仕訳を1つひとつ積み上げて，試算表ができ，それを基に決算書ができるという流れを体で覚えた経営者というのは，それだけで強力な経営管理能力を身につけることができます。

　仕訳から知識がつながっている人は，会社の取引についての相談をしていても，資産，負債，収益，費用との相互の組み合わせを頭ではなくて体で理解しているので，正確な会話ができ，新しい事業に関する方策などについてもとても深い議論ができます。

社長「今度，事業を分離して，子会社に移管しようと思っているのですが，人材は採用面等を考慮して，親会社からの出向で考えています。いかがでしょう」

私「そうですね。いきなり人まで移管しなくてもいいかもしれませんね。出向に関する契約内容を検討しましょう」

社長「社会保険料の加入は，引き続き親会社としますが，その負担を子会社にしてもらいたいのですが，できますよね？」

私「出向契約書に，負担の明細を取り決め，それぞれの会社で法定福利費に仕訳を起こせば，可能ではないかと思います」

社長「親会社のほうでは，いったん法定福利費で仕訳を入力しておいて，子会社から，社会保険料相当額を受け入れる際に，法定福利費の反対仕訳で対応すれば良いですか？」

私「OKです」

　このレベルまでは，半年から1年も入力してもらうとすぐに到達できます。自分の会社の数字を一仕訳のレベルからわかっていますから，最初から頑張って自分で仕訳を勉強した社長の会社は，例外なく堅実で利益体質の会社になっています。

事業再生支援業務

　会社の経営は，いい時もあれば悪い時もあります。特に悪い時にどう乗り切るかを判断することも経営者にとって重要な経営能力の1つといえます。会社の経営状態が悪化しているときは，放置しておくと状況が加速度的に悪くなってしまうことが多くなります。

　したがって，事業の見極めを行い，現状打開の方策を一緒に検討します。これがこの業務です。

　従来は，事業が悪化し，立ち行かなくなった会社の場合には，社員等を解雇し，事業も閉鎖して会社を清算するという「清算型」の対応が主体でしたが，最近は，せっかく一定の規模まで育て上げた事業の価値を前向きに評価して（実際どんなに小さな事業でも，その規模までゼロから立ち上げると相当の時間と資金が必要となる），単に清算してゼロにしてしまうのではなく，金融機関に金融支援を仰いだり，事業を一部分離したり，新しい資本を入れて再生していくという「再生型」の仕組みが多く用意されるようになっており，倒産廃業による社会的なロスが随分と軽減されてきています。

◇事業再生での税理士の守備範囲

　事業再生支援業務とは，経営の悪化した企業の経営の問題点を見つけ出し，その問題点の改善方法を検討し，実行を支援する業務です。この問題点の把握には，会計と税務の知識が不可欠ですから，税理士は非常に良いポジションにいるわけです。ただし，税理士試験の知識が役に立つのはここまでです。

　問題点の把握と改善策の実施をするためには，事業再生計画の策定と金融の知識が不可欠です。なぜなら，経営不振に陥っている企業が資金繰りを維持して企業を存続させるためには，金融機関からの支援が不可欠だからです。ですから，金融機関が評価する事業計画策定の知識が必要となります。

　そして，この金融の知識は，経営不振企業に対してだけでなく，健全な経営の企業が安定して資金調達を継続できるためにも必須の知識です。

　これからの税理士は，会計および税務の専門家であるとともに，金融の専門家としての技量も求められていくと思います。

　また，この事業再生支援業務は，弁護士と共同で行っていくことが非常に多いのも特徴の1つです。というのも，いったん事業不振に陥った企業の中には，もはや事業再生計画だけでは立ち直れず，債務免除や民事再生などの手法を使って再生を図る必要がある企業が多く存在します。このようないわば外科的な治療は，弁護士がカバーするエリアですので，共同でサポートする事案がおのずと増えるわけです。

　税理士は内科的な治療を，弁護士は外科的な治療を行って，事業再生を支援するイメージで行っていきます。

海外進出＆国内進出支援業務

　日本のマーケットの大きな拡大が見込めない中，中小企業においても海外へ新たな商圏を求めて進出を検討する動きが活発となっています。特に，ASEAN 諸国への進出意欲が活発となり，その進出サポートができる専門家へのニーズが高まっています。税理士は，日本国内の資格ですが，そのクライアントが海外進出を検討しているときに，真っ先に相談と支援の要請を受ける立場にあります。その時に，「いや～。私は海外のことはとんとわからないから。」といって，サポートを尻込みしていては，中小企業の方々は放り出されて困ってしまいます。海外進出を検討する場合には，資金面や人材面等いろいろな側面でのサポートが必要となります。たとえば，資金面でいえば，日本政策金融公庫では，「海外展開資金」融資制度を持っていますから，この融資制度が使えないかをクライアントの方と一緒に検討したり，JETRO（日本貿易振興機構）が行っている「専門家による新興国進出個別支援サービス」をクライアント企業に紹介して応募をすすめる等の支援は，中小企業の最も身近なサポーターである税理士が今後積極的に取り組む必要のあるサービスだと思います。もちろん，英語力が求められる場面も増えますので，これをいいきっかけにして，英語力強化も図っていきたいものです。

　私のクライアントでも，既に ASEAN 諸国に現地法人を積極的に展開している企業や，逆に海外の企業が日本に進出をして，日本法人を立ち上げたりしており，もはや日本国内だけでの業務ではなくなってきていることを実感しています。

　一方で，外国企業が日本マーケットへ進出する動きも活発です。進出方法は，さまざまですが，その多くは，日本国内に現地法人を設立して，日本において事業活動を行っていくことが多く，そのサポートを請け負う業務も増加しています。

　このサポートを行うためには，日本において会計や税務申告を行うことはもちろんですが，同時に，四半期や半期および期末ごとに，本国親会社に対して英文等によるレポート業務を行うことを求められます。また，本国親法人との取引について，税務上の備えをする必要も生じます。具体的には，移転価格税制に基づく価格決定ルールや源泉所得税についての確認業務などです。特に，最近は，比較的小規模の法人についても移転価格税制に関する確認調査が行われることが多いため，国際税務に関する知識と経験が必要となってきます。

M&A サポート業務

　近年，中小企業分野での M&A の活用が叫ばれることが多くなっています。この背景には，第1章で触れた人口減少，特に生産年齢人口が減少する環境に対して，労働生産性の低い小規模・零細企業を集約化することにより乗り切るという議論があります。

　確かに，企業は規模が大きくなるに従って，人件費以外の賃料やリース料等の固定費が相対的に下がり，人件費への分配率を高めることができ，いわゆる規模の利益を享受することが可能です。また，経営計画の策定および予算実績管理により，しっかりとした PDCA の実施や，研究開発予算を確保することも可能となり，会社全体の生産性を向上させることができるというメリットも期待できます。

　もちろん，家族経営の企業や，小規模でも技術力が高く，労働生産性が高い

企業もありますので，すべての企業が対象とはなりませんが，生産年齢人口が1995年にピークアウトして以来，中小企業，特に個人事業の自主廃業が顕著となっているのは事実です。よって廃業を決断する前に，長年培ってきた中小企業の技術やノウハウを消滅させることなく引き継ぐ仕組みが必要となることは間違いありません。その1つの処方箋が，M&Aということになります（ここでは，M&Aに関してのみ触れますが，中小企業の技術，ノウハウの伝承は，今後の大きなテーマです。最近は，職人の技術を記録してデータ化したり，ベテラン運転手の運転情報や漁師の漁業日誌等をデータ化して，AI技術で，若手の運転手や漁師に，行先や漁場を提案するなどの試みもなされています）。

税理士業界でも，同じ問題意識のもとで，2018年10月より，日本税理士会連合会が運営する「担い手探しナビ」という中小企業の事業マッチングサイトを全国的に展開しています。税理士だけが登録することができ，利用料は無料となっています。自分のクライアントが会社や事業を売りたいときや買いたいときに，案件を登録することができる仕組みとなっており，実際に案件が発生した場合には，事業引継ぎ支援センターなどの公的支援機関や，弁護士会（東京の場合は，3つの弁護士会）による法的サポートを受ける仕組みも整っています。ちなみに，東京税理士会では，私が所属している中小企業対策部が所管して，制度の普及促進を行っています。

◇税理士試験では全く教わらない業務

M&Aのサポート業務で使う知識は，税理士試験の試験勉強では全く教わりません。しかしながら，この業務を行う基礎的な知識として必須となっているものは勉強しています。それは，相続税の非上場株式の評価ルールです。これは，上場していない株式を持っている人が死亡した場合に，死亡時点でのその株式の時価の算定方法を定めたものです。なぜそういう評価ルールになっているのかを理解しておくことは，M&Aの際に求めなくてはならない市場価値算定の基礎作りになるのでとても重要だと思います。

つまり税務で考えている時価の欠点等を理解すれば，別の評価方法の重要性

をよりはっきり認識できます。

税務上の時価というのは，客観性や確実性を前提としているので，その評価時点の財産的価値（これを「アセットアプローチ」といいます）を前提としているわけですが，M&Aなどの場合，その評価会社の将来的な価値（これを「インカムアプローチ」といいます）を折り込んで価格形成されることが前提となります。

したがって，その評価方法も将来価値の測定と現在価値への割戻しが中心となっています。この評価方法も奥が深くとてもおもしろい業務です。

◇税理士だからこそ達成できる利益相反防止のポジション

M&Aには，売り手の企業と買い手の企業が登場します。M&Aのサポートには，両者を仲介する業務や，どちらか一方の企業のFA（ファイナンシャルアドバイザー）を行う業務があります。売り手と買い手は，利害が対立しているわけなので，この両者の仲介業務には，利益相反のリスクが生じます。税理士は通常，どちらか一方の会社の顧問として仕事をしますので，FAの業務スキルを高めていけば，おのずと利益相反を防止できる最も適したポジションを担うことができるはずです。

税理士会での活動

税理士は，それぞれ各地域の税理士会に所属しています。現在，15の単位税理士会があり，全国組織として日本税理士会連合会があります。

各税理士会には，さらに，税務署単位ごとに支部が設けられており，税理士登録をすると，各支部に所属して，税理士会の活動に参加することになります。

この税理士会の活動を内部的には，「会務」と呼んでいます。ここでは，なぜ税理士は一個人で活動できるのに，会務活動が必要なのかを考えてみたいと思います。

皆さんは，商工会議所という名前を聞いたことがあるかもしれません。この組織は，会社の経営者が所属している団体です。この団体は，明治11年に渋

沢栄一が中心となって設立した東京商法会議所が最初です。なぜ，渋沢栄一は
この団体を作ったのでしょうか？　東京商工会議所のホームページを見ると，
以下の経緯があったことがわかります。

　当時，日本政府は，欧米列強と結んでいた貿易に関する不平等条約の改正を
目指していましたが，この交渉過程において，諸外国からの「日本には，世論
はあるのか？　個々めいめいの違った申し出は世論ではない。」との反駁を受
けたことから，改正交渉を進めるには，貿易制度の現場で不利益を被ってい
る商工業者の意見を集約する仕組みが必要であることを痛感していました。時
の大蔵卿大隈重信からこの相談を受けた渋沢栄一は，「実業界の問題を多数の
人々によって相談して公平無私に我が国商工業の発展を図らなければならな
い」という理念のもと，個々の経営者の意見を集約し，世論を形成するための
仕組みとして東京商法会議所を設立したとのことです。

　税理士制度は，1つの国家資格を超えて，日本の租税制度，特に申告納税制
度を維持発展させていくための重要な制度です。私たち税理士は，それぞれが
個々に税理士として実務を行う過程で，さまざまな事例と出会い，改善に向け
た意見を持ちます。これを改善要望にまとめるには，個々の意見を集約して世
論としてまとめる組織が不可欠なわけです。その組織が税理士会という組織と
なります。第1章に記したように，今後，私たちは人口減少社会と向かい合い
新しいチャレンジ，試行錯誤を矢継ぎ早に行っていく必要があり，その過程で，
現場を知る実務家からの意見表明がますます重要となります。そのためには，
若い人たちの意見がとても重要です。是非，税理士となったら，税理士会とい
う組織がなぜ重要なのかについて思い起こしていただき，積極的な参加をお
願いします。

　現在，私は，東京税理士会のいくつかの部署に属して会務活動を行っていま
す。具体的には，中小企業対策部，会員相談室，日本税務会計学会です。中小
企業対策部は，平成24年に中小企業支援対策特別委員会として組織化された
比較的若い組織です。発足当初は，平成25年の中小企業金融円滑化法の終了
後の中小企業の事業再生支援などが主な業務フィールドでしたが，その後は，

創業から事業承継までの中小企業の成長ステージごとに，税理士としてどのような支援が必要かを考え，関係各省庁，政府系金融機関，地域金融機関，士業団体等と連携して，さまざまな中小企業支援施策を検討することを主な役割としています。この部で感じることは，他の関係団体から税理士への期待がとても大きいということです。その大きな理由の1つとして，日本全国に張りめぐらされた税理士会の組織網が挙げられます。北は北海道から，南は沖縄まで15の税理士会があり，さらにその下の支部組織がしっかり機能しています。これだけの規模で，ユニバーサルサービスを提供できる組織は，他にほとんどありません。今後，私たち税理士は，この組織網を有効に活用して，他の関係団体からの期待にしっかりと応えて，中小企業に新しいビジョンを提示していかなければならないと考えています。

　もう1つ，私が行っている会務活動が，会員相談室での相談委員の業務です。この業務は，所属する会員税理士からの税務等に関する疑問や相談に応じる業務です。相談体制は，電話相談と面接相談に分かれており，私は長年（15年はやっている），会員からの電話相談にのっています。電話相談は，以前は1人で対応していましたが，今は2人体制となっていて，毎日交代で午前10時から午後3時まで行っています。

　相談税目は，所得税，法人税，消費税，相続税をはじめとする全税目で，電話をしてくる相手も同じ税理士であり，しかもある程度調べてもわからないことを電話で相談してくるので，なかなか緊張感がある業務です。しかも，相談開始時間となると一斉に電話がかかってくるので，1件当たり平均15分くらいで次々回答して，相談に応じていく必要があるので，頭がクラッとすることも多くあります。

　ただ，さすが税の専門家が調べても迷う質問なので，自分でも気がついていない質問に出会うことも多くあり，私の自己研鑽にもなっています。

学会研究活動

　学会と聞くと，大学教授や医師の先生がホテルなどで行っているものを思い浮かべるかと思いますが，税理士でも学会活動というものがあります。

　私が所属している東京税理士会には，会の正式な機関として「日本税務会計学会」という学究活動組織が存在しています。昭和38年に設立され，既に半世紀以上にわたって活動しており，税理士であれば加入は自由です。

　現在，税法部門，会計部門，法律部門，経営部門，国際部門，訴訟部門の6部門に分かれて，それぞれの部門に所属する税理士が毎月自分の研究テーマについて研究発表を行うとともに，年1回年次発表大会を開催しています。

　この学会が目標としていることは，税制などの諸制度を実際に使う実務の専門家として，これらの制度の不具合や改善点を研究することにより，より良い制度とすべく現場から提言していくことです。

　税理士は，日頃は日常の仕事に埋没してしまっていて，自分が扱っている税の制度がこれで良いのだろうかとか，もっと良い税制にするにはどうしたら良いかなどということを考える余裕がなく，知らず知らずのうちに視野の狭い見識しか持てなくなってしまいがちです。

　税制は社会に対してとても大きなインパクトがあるにもかかわらず，複雑で，一般の方が意見を言うのがなかなか難しい世界です。せっかく税の専門家として現場で活動できるのですから，自分のためだけでなく，社会のために研究を行い提言を行うことも，税理士として重要な1つの役目だと感じています。

　もちろん，この学会活動という業務は完全なボランティア活動で，事務所の収入には何も貢献しないのですが，自分にとってはとても良い自己研鑽の場であり，同じ問題意識を持っている他の税理士と交流できるとても貴重な場だと思っています。

　皆さんも，税理士試験を突破して晴れて税理士として登録が終わったら，ぜひ一度学会の発表会等をのぞいてみてください。

◇論文を書くというプレッシャーを作る

　私は，日本税務会計学会では6部門あるうちの「国際部門」というところに所属しています。この部門では，毎年，学会に参加したことのない人にも広く呼びかけて，希望者で共同研究グループを立ち上げ，1年間という研究期間をともに研究を行い，最後に各人で論文を執筆して出版するという活動を継続しています。

　私も，参加した当初は，論文と聞いただけで，卒業論文を書いた時の悪戦苦闘を思い出し，体が自然と半身になった記憶があります（今でも気がつくと半身になっていたりする……）。

　税理士の大切な能力の1つとして，文章を書く能力があります。わかりやすく簡潔明瞭に文章を書く能力は，やはり経験を積まないと身につきません。

　その意味でも，論文を毎年書く環境を作ることは，将来きっと役に立つはず！　と自分に言い聞かせて参加しています。

雑誌＆書籍執筆業務

　雑誌や書籍を執筆することも税理士の重要な仕事の1つです。雑誌の記事執筆という比較的短期間で終わるものから，書籍の執筆となると1年がかりくらいで書き上げていくものまで，さまざまです。

◇読むと書くのでは大違い

　文章というのは不思議なもので，人の文章を読むと「もう少しこういう表現のほうがいいじゃないか」とか，「ここは何を言っているのかよくわからないな」とすぐに指摘ができるのですが，いざ自分で文章を書こうとすると筆がいっこうに進まなかったりします。

　また，税務の解説の場合，もともと規定が複雑なので，重要な部分をわかりやすく書こうとすると，全体をよく理解したうえで重要な部分をパズルのように抜き出して，何度も並べ替えながら文章を作っていく必要があり，この作業に結構時間がかかります。

つまり，練習しないとなかなかいい文章が書けない世界です。

　したがって，私の事務所でも，原稿や専門書籍の改訂作業はできるだけ引き受け皆でレベルアップしていこう！　と頑張っています。

 ## どんなタイプの税理士を目指すか

　税理士が行うことができる業務がどんどん広がっている現在，従来とは異なり，さまざまなスタイルで仕事を進める税理士が登場してきています。

　つまり，「自分はこういう分野の仕事で身を立てていきたい！」というこだわりが許される幅が出てきました。医師などと一緒で，税理士もいよいよ専門分野ごとに仕事が分かれてきており，この動きは今後どんどん加速していくように思います。

　ここでは，現在どんなタイプの税理士が登場してきているかを紹介したいと思います。

オールラウンド業務タイプ

　最も一般的な税理士のタイプです。つまり，企業と顧問契約を締結して，毎月の会計データの監査や税務相談，決算申告業務等など，諸々の相談にのることをメインの業務とし，必要に応じて公開支援業務，相続税の申告業務等を行っているタイプで，従来からのオーソドックスなタイプの税理士といえます。

◇このタイプのメリット

　このタイプの税理士の場合，いろいろな仕事を幅広く経験することにより，さまざまな実力も高めることができます。その反面，会計データの入力や各種届出資料の作成など事務代行的な仕事も多いのが特徴です。

　私の事務所もこのタイプに属しています。事務代行的な仕事は単価も安い反面，手間を多く要するので，ビジネス的にはそれほど実入りが多いわけではあ

りません。ただし，お客様がそれを望んでおられるのであれば，私はこの仕事に真剣に取り組んでいかなければならないと考えています。こういう手間がかかる仕事を多くこなしていくには，社内を効率化しなければできないので，効率化に対する問題意識を持って業務を改善していけば，それが事務所のノウハウとして積み重なっていくと信じています。

　また，このタイプのメリットとして，変化に強いということも挙げられるかもしれません。税理士業界に限らず，これだけ法律や制度が頻繁に変わる中，さまざまな仕事に立ち会うことができると，おのずと多方面にアンテナを張っておくことができるからです。つまり，変化を察知して対応する能力が，このオールラウンド型の税理士は高いといえます。

◇このタイプのデメリット

　逆にこのタイプの事務所のデメリットは，いろいろな業務を多くこなしていかなければならないため，1つの分野に特化して，これをさらに深く磨いていくような時間が十分に取りにくいことが挙げられます。

　また，事務代行的な仕事が多いので，「せっかく税理士試験に合格したのに，なんでこんな単純業務をしなければならないんだ！」と思うような単純作業も多くあります。しかし，これもクライアントが困ってぜひお願いしたいといってきた仕事であり，我々が行うことにより「有難うございます。助かりました」と言ってもらえる立派な仕事です。経理スタッフがいる会社ではこの仕事を経理スタッフの人が地道に行っています。その作業の大変さを経験しておかないと，経理スタッフとのコミュニケーションや意思疎通もうまくできないわけで，とても重要な仕事だといえます。

　もちろん，自分の能力が向上していっても，ずっと同じ作業ばかりでは仕事に対するモチベーションが下がってしまいます。そこで，このタイプの税理士事務所では，個人の能力の向上に合わせて，仕事の中身も変わっていくという仕組みを作っておかなければなりませんし，ある程度の規模を持っていることも必要となってくるでしょう。

専門分野特化タイプ

　このタイプの税理士が最近目立ってきています。自分の専門分野に特化して，税務＆会計サービスの提供を行うことを指向した事務所です。

　最近では，以下のような分野に特化した事務所が登場してきています。

◇不動産流動化業務

　これは，欧米で開発され日本でも利用が可能となった不動産を流動化するさまざまなスキーム（ファンド，匿名組合，信託，SPC，合同会社等）に関わる税務および会計サービスを受注していく分野です。

　以前は，金融機関の不良債権処理に伴って，担保付不動産の引き取りスキームとして活用されることが多かったのですが，現在では，中小企業や個人資産家の不動産投資スキームとしても活用されるケースが増えています。

　具体的な業務としては，ファンド，匿名組合，SPC，合同会社の設立・運営業務や，取得不動産に関する管理・運用業務，債権売却スキーム策定や，企業調査業務（デューデリジェンス）などを行っています。

　不動産は，ビジネス上もまた私生活上も重要な資産であり，その活用方法についてさまざまなスキームが開発されてきており，税務の制度も複雑であることから，今後もこの分野に特化したビジネス展開は続いていくはずです。

◇国際税務業務

　企業が海外展開を考える場合には，日本の税務だけでなく，進出先の税務も関係してきます。通常，税理士は日本の税法を使って国内業務を行っていますので，海外取引についてあまり得意でない事務所が多いのが実情です。

　そこで，このような国際税務を中心に取り扱う事務所が業務展開しているわけです。

　また，この業務では日本の税務だけでなく，進出先の税務にも精通している必要があるため，現地にも支店やネットワークを有している大規模な国際会計

事務所や監査法人系の会計事務所が中心となっています。

　もちろん，最近は，中小企業でも，韓国，中国，シンガポール，マレーシア，インドなどアジアを中心に，海外進出意欲が高まっています。

　私の事務所のクライアントでも海外進出企業が増加しており，今後は従来日本の税務だけを行っていた会計事務所でも，国際税務が関係した業務が増加してくると思われます。

業界特化タイプ

　このタイプは，たとえば医療業界を専門にしている事務所です。医師も独立開業を志す人が多い業界です。お医者さんは，医学の知識は豊富でも，会計や税金の知識が全くない人がほとんどです。開業準備の方法，資金調達，設備の購入，人の手配，決算や申告の準備など，開業するまでにさまざまなことを自分で解決していかなければなりません。また経営方法にも，個人事業主で行う方法と医療法人を設立して行う方法があり，制度の改正も多く，助言，サポートができる範囲はかなり広いわけです。

　この他には，福祉業界，シルバービジネス業界，公益法人業界など，その税理士の過去の経験などを生かして個別の業界に特化して事業を行っている事務所もあります。

弁護士連携タイプ

　法律事務所と共同で業務を進める仕事です。相続に関する業務や，企業買収，企業再生などの業務，税務訴訟に関する業務を弁護士と共同で進めていくことが多くなります。

　このタイプを指向する税理士は，税法という法律の専門家としての知識に磨きをかけていきます。

　税理士の業務においても，「補佐人」として裁判に弁護士とともに出廷して，意見陳述を行うことができるようになっており，税理士固有の業務の広がりに合わせて，この分野で活躍する税理士も増えてきています。

　弁護士は法律の専門家ですが，こと税法に関しては毎年の改正が多いことや，租税特別措置法等の特別立法による例外規定の多さなどから，自分の受任した案件で税務的な判断や処理が必要となる場合には，税理士にその部分を依頼することが多くなっています。

　税理士も租税法という法律を専門分野としているため，この分野を極めていくと，租税法という法律の専門家として仕事ができるようになるのです。

◇弁護士の仕事の納期は早い

　私も弁護士と仕事をすることが多い方ですが，弁護士さんの仕事の1つの特徴として，納期までのスピードがとても早いことが挙げられます。弁護士の能力として，交渉力と解決を図るタイミングを見極める能力が重要です。ここが解決時！　というタイミングで，弁護士から税務面のチェック依頼がしばしば舞い込んできます。当然「できるだけ早く頼むね！」という依頼が多くなるわけです。

　弁護士が進めている案件は，大型の案件や相続事件でも複雑な案件が多いので，大変勉強になる反面，作業時間が限られています。栄養ドリンクを片手に，深夜までの体力勝負となるケースも多くあります。

◇公認会計士と税理士の違いの1つ

　公認会計士は資本市場と向き合い，株主のために適正な財務諸表が作成されているかを確認し，担保するために仕事をしていくことが多いのですが，税理士は税法という法律を解釈し，国と向き合って仕事をすることが多くなります。ここが，税理士が公認会計士とは異なる特徴の1つです。

　弁護士と共同で仕事をすると，税理士が税法という法律の専門家であることを強く意識させられます。

　私が税理士の仕事は奥が深くて面白いなと思う理由の1つに，租税制度というフィルターを通して，この国がどこへ進もうとしているかを考えさせられることがとても多いということがあります。

こんな人に志してほしい

　税理士の仕事の幅がどんどん広がってくると，いろいろな動機で税理士になる人が今後増えてくると思われます。さまざまな経歴や能力のある人が参入し，この業界がどんどん活性化してほしいと思う反面，脱税事件に関与して逮捕されるなど，足を踏み外してしまう人もいます。

　ここでは，「こんな人にぜひこの世界に飛び込んできて，一緒に頑張ってほしい」という気持ちで整理してみます。

タックスセービング（節税）だけでなく，社会全体の利益を考えられる人

　税理士は，国が与える資格です。税理士法第１条で，税理士の使命は，「税理士は，税務に関する専門家として，独立した公正な立場において，申告納税制度の理念にそって，納税義務者の信頼にこたえ，租税に関する法令に規定された納税義務の適正な実現を図ることを使命とする。」としています。

　皆さんも，新聞で「脱税犯逮捕」，「○○株式会社，税務調査で○○億円修正申告」などの記事を見たことがあると思います。

　税理士は，税法を深く知っています。税金の計算というのは，一定の要件（これを税法では課税要件と呼んでいる）に該当した人に対して，一定のルールに従って税額を計算させるという構造を持っています。

　そうすると，頭のいい人は，複数の取引を組み合わせることにより，この課税できる要件をすり抜けるスキームを作り上げます。

　同様に，一定の要件に該当した場合に税金が非課税となる規定の場合には，逆にこの非課税要件に該当するような仕組みを意図的に考案します。

　税法というのは，制度が複雑にならないように，できるだけ一般的な要件にとどめて規定していることが多いので，このような攻撃に対してとても弱い構造になっています。

◇節税と租税回避行為との線引きは立法趣旨

　このような，本来税金を負担しなければならない人が意図的な取引を発生させることにより，表面上は正当な取引でも，実態が乏しく，その目的が税額を減少させ，また回避させることのみを志向する行為を租税回避行為と呼んでいます。

　ただし，これにとてもよく似たものに節税行為というものがあります。よく似ているものの両者の差はとても大きいです。たとえば，自宅の売却を考えている人が，いつ売却したら良いか検討する場合に，税法では所有期間に応じて税率を変えているため，税率が最も低くなる時期まで待って売却したとします。これはどちらに該当するのでしょうか。これは合法的な節税行為と考えて良いと思います。この区別は今利用しようとしている法律の立法趣旨にかかっていると思います。立法趣旨というと難しく聞こえますが，税法は，その法律によって規制をかけたり，恩恵を与えようとする人を想定して作られています。その趣旨をよく考えて行動することです。

◇税理士は税法の立法趣旨実現の番人

　とはいえ，一般の人が税法の立法趣旨など知る由もありません。これでは，せっかく国がいろいろな税金の制度を導入しても，ちっとも制度として動かないことになってしまいます。ここで登場するのが，実は税理士なのです。

　つまり，税理士の使命は，先ほどみたように「租税に関する法令に規定された納税義務の適正な実現」を図ることとあります。これは，もう少し平たくうと，「税法の立法趣旨をよく理解して，これを一般の人にわかりやすく周知し，税法が本来予定している趣旨が適正に実現できるように，独立公正な立場で行動する使命」を持っているのが税理士なのです。

　どうでしょうか？　国が目指す租税制度の正しい普及を民間人である税理士が支える仕組みであり，とてもユニークな仕組みだと思いませんか？

◇租税回避スキームが乱立すると

しかし，この立法趣旨を無視したスキームによる，税金に関する事件が後を絶ちません。

むしろ，欧米の経営スタイルや会計ルールとともに，これらの事件も増加傾向にあります。

実際，アメリカでは，租税回避スキームの開発が非常に顕著であり，これを封じるための税法も個別ケースを規制するために，どんどん細かい法律を作っていった結果，非常に複雑で難解なルールとなっています。その影響により，会計，税務，法務の制度に対する企業コストが著しく増大し，企業の競争力が低下してしまうという批判が出るところまでいっています。

日本でも，最近の税制改正の動きを見ていると，個別ケースを規制する立法が目立ってきています。

簡素な税制を維持できるかどうかは，我々租税の専門家の今後の行動にかかっており，私たちの行動が我が国の税制の将来に対して大きな影響力を持っているということを知っておいてください。

大きな視野を持ちたいと考えている人

税理士試験の勉強をしている間は，各税法の理論の暗記と計算問題の解答パターンを覚えるのに手いっぱいだと思いますが，実際に税理士になって今まで勉強した知識を使って実務を行うようになると，今自分たちが扱っている税金というのは，租税制度という国を支える重要な制度の1つを扱っていることに気づかされます。

税金の制度は，その時々の経済状況や国際状況等に応じて，毎年改正が繰り返されていきます。この改正内容については，年末に「税制改正大綱」が示され，その中で今後の税制改正の方向性や考え方などを理解することができます。

つまり，税理士の仕事は，租税制度を通じて我が国が今後どのように進んでいけばよいかということを，日々考えさせられる仕事ともいえるわけです。

　私も，実際に税理士として仕事をするまでは，税理士という仕事がこんなに大局的な視野を求められる仕事だとは思いませんでした。

　大局的な視野は，政治，経済，科学，歴史等さまざまな知識をバランス良く持っていないと養うことができないので，税理士という資格を取っただけでは税理士としてはまだまだ駆け出しで，勉強して高めていかなければならない分野が本当に多いなぁと気づかされるはずです。

　とはいえ，「他にも勉強することがいっぱいあるよ」と常に語りかけてきてくれ，仕事に真剣に取り組むことにより，より大きな視野を持てるようになる仕事はあまりありませんので，私自身はいい仕事に出会えたなと思っています。

女性として能力を発揮したいと考えている人

　女性と男性はもちろん対等なのですが，女性が社会へ出て仕事をして，さらに，結婚，出産，子育て等を経ながら，その仕事を継続することはとても大変なことです。ここでは，女性の方にとっての税理士という職業について考えてみたいと思います。

　結論から申し上げると，税理士という職業は，女性にとって自分の能力をいろいろな形で発揮できる柔軟性の高い職業だと言えます。

◇週２日から週３日でも責任ある仕事を継続することが可能

　私の事務所でも，多くの女性が活躍しています。ある頑張り屋の女性スタッフは，私の事務所への入所時は，他の一般企業での OL 経験はあるものの経理事務経験や会計事務所の経験が全くないままでした。子供がまだ小さく，未経験の仕事，仕事に必要な専門知識の勉強，税理士試験の勉強，母親としての役割，妻としての役割など，一度に何役もの役割を担いながら，果敢に税理士試験に挑戦しました。働きながら１年に１科目ずつ着実に合格を重ねていき，ついには税理士試験を突破しました。

　彼女をみていると，入所時と今とではまるで別人（確かに顔つきもりりしくなっている）で，今では専門知識を駆使してクライアントの信頼も厚く，他の

スタッフからも頼られる中心的な存在にまで成長しています。

　税理士の仕事の特徴として，仕事をいろいろな形で切り出せる柔軟性があることが挙げられます。つまり，毎月の入力処理，給与計算処理，決算処理，税務申告処理，コンサルティング業務など，いくつもの仕事に切り分け，その部分だけを請け負うことが可能です。したがって，フルタイムで仕事に従事していなくても，たとえば週2日，週3日の勤務だけでも責任ある仕事や重要な仕事を受け持つことが可能です。

　実際前述の女性スタッフも，週3日の年や週2日の年などをうまく組み合わせて，仕事，家庭，試験勉強を両立させ，立派なプロフェッショナルスタッフとして成長してきています。

　また税理士の仕事には，多くの事務的な作業が発生します。その大部分は，大量の資料のファイリングや，そのデータの入力作業などです。このような細かく，かつ正確性を要求されるような仕事はどうも女性のほうが向いているようです。私の机の周りは，皆が手をつけられないほど，書類の山に埋もれており，猫の額ほどのスペースしか机が見えません。しかし，スタッフ，特に女性スタッフの机はいつもきれいで，いったいどこに資料が消えてしまったのだろうと思うくらい整然としているのを見ると，やはり適性というものがあるなぁと感じてしまいます。このファイリングや整理というのも我々にとっては重要な能力の1つなので，これだけでも女性としての強みが発揮できるわけです。

◇細かな気配りで秘書的な能力を遺憾なく発揮

　また私の事務所では，クライアントへのプレゼンテーションや提案などは，私が行うことが多いのですが，そのための事前準備や資料作成などを事務所のスタッフにお願いしているケースが多くあります。つまり，1つのチームとして行動する仕事が多くあるわけです。この場合にも，女性スタッフの場合は，あらかじめ私が何も言わなくても注意すべき項目を事前に整理しておいてくれたり，わかりやすい資料を自分で作成していてくれたりと，秘書的な細かいサポートを随所に入れてくれ，私は彼女たちの指示通りに動けば仕事がスムーズ

にいく型を自然に作ってくれます。まさに彼女たちのおかげで事務所の業務がスムーズに回っているわけです。これはすごい能力で，私は右に左にと走り回ることにのみ集中すればいいわけで，本当に助かっています。

◇ プロフェッショナル能力による対等な評価を獲得できる

　さらに，晴れて税理士試験を突破し，正式に税理士としてスタートした後でも，女性税理士としての個性と能力を発揮できる場は多いです。私は，東京税理士会の中にある「日本税務会計学会」の委員をしている関係で，多くの税理士の先生方と交流する機会が多いのですが，専門家として自分の専門分野を持ち，これを磨きあげていって，高い評価を得ている女性税理士の方が多くいらっしゃいます。女性や男性という区別ではなく，専門家としての能力という非常にフェアな評価により自分の居場所を獲得できる。これも，税理士という専門家業務の特徴といえます。女性の方にとってまさに努力し甲斐のある資格といえると思います。

世の中の仕組みに興味がある人

　世の中にはさまざまな仕事があります。社会科的に言えば，農業，林業，漁業，製造業，小売業，卸売業，サービス業などの産業があるわけですが，税理士はそのすべての産業が潜在的なクライアントなのです。

◇すべての産業の勉強ができる仕事

　そして一度クライアントとなると，その会社の仕組みを深く知ることにより，その会社が行っている事業の特徴を深く知る機会を得ることができます。しかも，この産業には，日本とか世界とかの垣根もないわけです。つまり，日本に限らず全世界の産業の仕組みを勉強することができ，その積み重ねにより，世の中の仕組みについて，書物や人の話という間接的な経験ではなく，経営者とともに直接的に実体験できるチャンスに恵まれている職業だといえます。

◇投資計画立案の早い段階から関与できる醍醐味

　私は，前職が金融機関の審査担当者であったわけですが，この金融機関勤務時代に物足りないと思ったことの1つは，経営者がいろいろな投資計画やビジネスアイデアを現実化させていくプロセスにタッチできないことでした。金融機関に融資を申込む段階というのは，その会社においてすでに投資計画等ができあがっていることが多いので，金融機関の担当は投資計画検討段階からタッチできないことが普通です。

　私は，経営者とともに，実現可能性をさまざまな角度から検討する段階からタッチできるポジションにいたいと願って税理士を志望したのです。

　税理士になって実際どうかと言いますと，まさに税理士はクライアントの方と今後の事業計画や投資計画をさまざまな角度から検討できる仕事だと言えます。また，経営者の方からみても，新しい仕組みや考え方のビジネスモデルとしての評価，そのアイデアを実現していく仕組の検討，税務，法務的なリスクの予測などに関して的確なアドバイスが欲しいと思っています。まさに会社が望んでいるサービスの提供が私たちの仕事となるという醍醐味があります。

◇さまざまな業種の特徴を直接経験できる

　金融機関は経済の血液であるお金の流れを通して，世の中のさまざまな産業と関わっていきますが，税理士はクライアントである会社の経営資源である，人（社員，組織運営等），物（投資計画等），金（資金調達等）の3つの切り口を通して，その会社が属している業種，業界の特徴に関しても深く知ることができます。つまり，日常の仕事を行っていきながら世の中の仕組みをとても深く知ることができるのが，税理士の仕事というわけです。これはとても魅力的だと私は思っています。

異業種から飛び込みたいと考えている人

　この業界は従来は結構閉鎖的な社会で，税理士の経歴をみても，代々税理士で自分も自然にこの業界にいる人，高校・大学時代から簿記や会計に興味があ

って，そのままこの業界に入ってきた人たちが多数を占めています。

　今でこそさまざまな社会経験を経て，この業界に入ってくる人が増えてきたように思えますが，それでもまだまだ少数派です。

　私たち税理士が，世の中のさまざまなニーズに対応して，より良いサービスを提供していくためには，いろいろな経験をした人ができるだけ多いほうが，より大きな視野で柔軟なサービスの提供ができると思っています。

　会社を創業して会社の規模を大きくしていくときに，必ず悩むのが人の問題です。人事制度，人事評価，給与体系，組織運営，採用，退職など多くの問題と直面することとなります。

　これらは，実際に組織に属して，社員の立場で経験をしてみないとわからない問題点が多くあります。

　したがって，さまざまな組織に実際に属して経験してきたことが，机上の空論ではなく，経営者への深いアドバイスとして活かせる場面が多くあります。

　さまざまな分野で活躍されている方が，1人でも多くこの業界に飛び込んできてくれることを望んでいます。

　ただし，次の章でお話ししますが，熱くなって，いきなり退職，試験に挑戦というプランは避けてください。何事も慎重に戦略を練ってから動くことが大切です。

コラム

税理士と会計士の違いは？

　日本には，いろいろな士業の人たちがいます。弁護士，公認会計士，税理士，社会保険労務士，司法書士などで，それぞれ異なる専門分野で活躍しています。

　このうち，よく比較されるのが，公認会計士と税理士です。公認会計士は，公認会計士法において，「監査及び会計の専門家」と規定されています。一方税理士は，税理士法において，「税務に関する専門家」として規定されています。

　公認会計士は，会社が作成した決算書が正しいかどうかを監査する専門家で，それが「会計の番人」と言われるゆえんです。そして，世の中への影響の大きい上場企業や，資本金や負債総額が大きい会社等に対する監査を行っています。

　一方，税理士は，次々に導入される税制の立法趣旨をよく理解して，税制がその立法趣旨に従って適正に運用されるように支援する税法の専門家です。したがって，税理士は，「立法趣旨の番人」と言えますし，補佐人として税務訴訟で弁護士を補佐する機会も増えていますので，会計知識を有した税法分野の専門家というのが正確かもしれません。

　つまり，両方とも監査制度，税務申告制度という社会制度をそれぞれの専門性を活かして維持発展させているわけです。税理士も主として中小企業の決算書を作成してから税金の計算や申告書を作成していますから，公認会計士と「会計」の分野で重なっています。

　実際の業務においても，税理士が会社とともに決算作業を進め，税金計算や税効果会計処理を行ったうえで，公認会計士の監査を受け，そのうえで最終決算書を作成していくことが多々あります。

　出発点は違いますが，企業の健全な発展を願ってサポートしていくという理念を共有している専門家と言えます。

第4章

税理士試験に
合格するには？

　私の事務所では，大手受験予備校が主催する就職
面談会にブースを出して採用活動を行うことが多く，
その際多くの就職希望者と面談します。皆税理士試
験にトライしている人ばかりなのですが，すばらし
い学歴や一流企業の勤務経験を持っている人でも，
この受験スタイルではせっかく税理士試験を突破し
ても就職活動において損をしてしまうなと感じる人
に多く出会います。
　税理士試験の怖いところは，ただ試験を突破する
ことが評価されるのではなく，どのように試験を突
破してきたかという過程が，その人の評価につなが
っていることです。

受験勉強の始め方

就職面談会で思うこと

では，具体的に何を注意して，税理士試験の受験生活に入っていけば良いのでしょうか。

ここでは，今既に仕事をされている方の場合と，現在学生さんや無職の方など時間の拘束が少ない方の場合に分けて，考えていきたいと思います。

社会人の場合

◇今一度冷静になって自分の受験スタイルを考えること

これは特に社会人の方の場合に多いのですが，「難関資格を取って一発逆転！」といった熱いメッセージ集などを読んでいるうちに，「自分もこれで人生を変えられるんだ！」といった一種のトランス状態になり，善は急げといままでの会社をあっさり辞めて受験勉強に専念する人がいらっしゃいます。

しかも，このハイテンションは結構長続きし，最初の試験が終わるくらいで続いてしまうものです。

私としては，この選択はできれば避けてほしいと思っています。

◇まずは敵を知るまで，安易に動かないこと

孫子の兵法に，「敵を知り，己を知れば，百戦危うからず」という有名な教えがあります。

税理士試験は，必ず合格できる試験ですが，勢いだけで攻略できるほど安易な試験ではないこともまた事実です。したがって，税理士試験の受験を考えている人にまずお伝えしたいことは，まず2科目合格するまで，現在の職場で頑張ってみる必要があるということです。

これには２つの効果があります。１つ目は税理士試験という敵の大きさ，難しさを知ることができるということ，２つ目は自分の受験への動機が本当に強いものなのかどうかを再確認する機会が与えられるということです。

◇社会人経験を武器に変える準備をしてほしい

もう１つ，今社会人の方にぜひお伝えしたいのは，税理士業界において，一般企業等での社会経験をお持ちの方が非常に少ないという現実です。一方，クライアントである企業からの相談は，企業の組織運営に関わる相談がとても多いのです。一度社員という立場から，いろいろな人事制度を経験した人であれば，それらの制度の理想と現実，運用する人に大きく左右されることを肌で感じて経験しているはずです。この経験が後の税理士業務の実務において大変役立つことが実に多いのです。

まさに経験が活きるわけで，「百聞は一験（一経験）にしかず」なのです。

もし，今税理士受験を考えている社会人の方がいるのであれば，まず今の会社で２科目合格まで持っていく間に，自分の会社の組織を研究してほしいと思っています。仮に，あまりいい組織ではないと思っていても，何が組織の活力を落としているのか，何が原因なのか，それを改善するにはどういう施策を講じれば良いのかなど，今の環境を自分の経験にするのだという目線を持つと，普段は夜の酒席で同僚との愚痴に終わっていたことが，１つのケーススタディとして冷静に見られるようになり，将来に活きる経験へと価値を変えていくはずです。

◇働きながらでも全然大丈夫。むしろ社会人の方が合格しやすい

社会人の方は，ここが一番心配だと思います。しかし，これは絶対大丈夫だと言っておきたいし，場合によっては学生や受験専念組の人より社会人の方が合格しやすいとさえ私は思っています。

それはなぜか？

理由の１つ目は，この試験は規則正しく勉強するサイクルが確立できている

人ほど合格しやすい試験だからです。どの科目も1年間で最低勉強しなければ
ならない時間の目安があります。これを最後にまとめて稼ぐ勉強方法と，毎日
コンスタントに勉強して復習を繰り返す方法では，後者のほうがより確実に頭
に残るはずです（もちろん，最後にものすごい集中力で，一気に合格レベルま
で持っていってしまうやり方で合格してきている優秀な方もいますが，一般的
な方に勧めるのはちょっと躊躇します）。

　社会人の場合，勉強時間は日中の仕事の時間以外に限られます。つまり，朝，
昼食時，往復の通勤時間，夜のいずれかで勉強することになるため，この中か
ら自分のサイクルに合った時間を決めれば，毎日同じ時間帯に必ず勉強するサ
イクルが確立しやすいわけです。

　逆に，学生や受験専念型の人の場合には，時間が自由なため，勉強する時間
帯が不規則になりやすく，毎日コンスタントに勉強できている人が意外に少な
いものです。

◇**受験に専念すると，勉強時間が取れない人が多くなる？**

　2つ目は，受験専念組は意外に勉強できていないという現実です。

　社会人の中には，難関資格と思える税理士試験において，受験勉強の時間が
豊富に取れる受験専念組相手では，合格などとてもおぼつかないと不安を覚え
る人が多いと思います。

　でも，受験専念組は意外に勉強時間を確保できていないのです。

　それはなぜでしょうか？

　ここで就職面談会での実際の会話を少し聞いてもらいましょう。

　　当事務所への就職希望者が面談会のブースへやってきた。緊張した面
　持ちで，履歴書を提出する。大学3年から税理士試験の勉強を始めて，
　大学4年生のときに，簿記論が合格しているものの，卒業後受験に専念し
　たようだ。

しかし，その後2回の税理士試験では合格科目が出ていない。そのまま今回の応募になったらしい。

「今年の試験はどうだった？」と聞くと，

「すみません。3科目の受験を続けているのですが，どの科目も皆Aランクながら，なかなか突破できていません。でも，勉強は十分しているので，今年は絶対大丈夫だと思います。あとは，実務と並行して短期間で終わらせてみせます」と応募者。

「3科目って，何を受験したの？」と聞くと，

「財務諸表論，法人税，消費税です」

　財務諸表論も法人税法もいわゆる大科目にあたり，消費税法も以前は小科目でしたが，実務での重要性が増すにつれて試験も難易度が上がり，最近は中科目ぐらいの勉強が必要な科目です。ここで気をつけなければならないことは，合格するために必要な勉強時間が確保できているかなのです。

　大科目は最低でも1,000時間が必要だし，中科目も700時間くらいは必要となります。

　試験勉強は9月から7月までの11カ月間ですが，できれば6月くらいまでに上記勉強時間は確保したい。そうすると，この面接会での受験生は11カ月間に2,700時間を確保しないと合格しないわけです。つまり，1カ月に245時間勉強しないと合格レベルを維持できません。30日で割ると1日8時間となります。これは11カ月間1日も休まずに8時間集中して勉強しないと合格できないことを意味しています。これは相当ツライ。つまり，無理しすぎなのです。この詰め込み受験生活に受験専念型の人は陥りやすいのです。受験専念型の人は必ず複数科目を受験しているので，1科目ずつの平均勉強時間は実はそんなに潤沢ではないのです。

　この現実を社会人受験者の人は知っておいてほしい。科目別にみれば，社会人でも受験専念型の人でも勉強時間に大差はなく，十分太刀打ちできます。

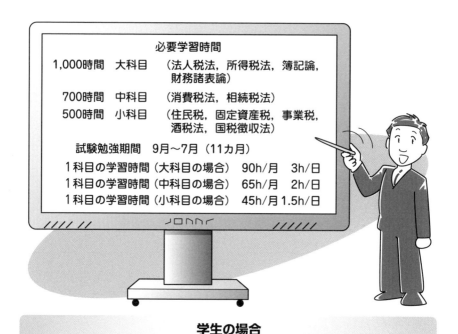

必要学習時間

1,000時間	大科目	（法人税法，所得税法，簿記論，財務諸表論）
700時間	中科目	（消費税法，相続税法）
500時間	小科目	（住民税，固定資産税，事業税，酒税法，国税徴収法）

試験勉強期間　9月〜7月（11カ月）

1科目の学習時間（大科目の場合）	90h/月	3h/日
1科目の学習時間（中科目の場合）	65h/月	2h/日
1科目の学習時間（小科目の場合）	45h/月	1.5h/日

学生の場合

◇税理士は単なる資格ではなく職業である

　学生の場合，税理士は国家資格の中の1つだという認識が強いと思います。したがって，勉強のきっかけも「簿記を勉強していたらおもしろくなってしまって」とか「一般企業に就職する場合にも，簿記論とか財務諸表論とかの合格科目があると有利だから」といったものが多くなります。

　もちろん，まだ実際に社会に出ていないので致し方ありませんし，自分で興味を感じることも受験動機としては重要な要素です。

　本書の目的の1つは，まさに皆さんのような学生の方に，税理士の仕事内容をできるだけ具体的に知ってもらうことであり，税理士という資格が単なる国家資格ではなく，1つの重要な職業であることを理解してもらえればありがたいと思っています。

　ぜひ優秀な人たちに，どんどんこの業界へ飛び込んできてほしいと願っています。

◇強い受験動機を持つことが合格のためには絶対必要

　社会人受験生と決定的に違うのが，この受験動機の強弱です。

　社会人の方は確固たる受験動機を持って試験勉強を始める人が多いのです。これは，いったん会社等に就職し，いろいろな仕事を経験して，「自分のやりたい仕事は税理士だ！」と決意して始める人が多いからといえます。つまり，税理士を始めから資格ではなく，職業として捉えて勉強を開始する人が多いわけです。

　これに対して，学生の場合，社会人経験がないためおのずと受験動機が弱い人が多くなります。社会経験がないのだから，これは致し方ありません。問題は，最終合格までの間にいかに自分の志望動機を強いものに変えていけるかにかかっています。

　具体的には，簿記論，財務諸表論を含め3科目合格くらいのタイミングで会計事務所に勤め，実務の面白さに触れることにより志望動機を強めていければベストです。

◇焦らないこと

　今の若い人はとても焦っているように思えます。確かに，新聞を読んでも，日本の財政状態は破綻寸前，少子高齢化社会の到来で高齢者の支え手としての若者の負担が急増するなど，若い人にとっては将来が不安になるような記事が並んでいます。したがって，自分の身は自分で守らなくてはとか，自分の身を守れるくらいの財を早く築いてしまいたいという気持ちを持ちやすいのも理解できますし，だからこそ，若くして起業し，株式公開して巨万の富を築いた同世代の社長に共感するのも理解できます。

　「とにかく早く結果を出しておかないと」いう気持ちが，今の若い人の中での共通認識のように思えます。

　税理士試験においても，受験に専念しているにもかかわらず，この焦りから無理な複数科目の受験により合格科目が積み上がっていない人がいます。

　私は「急がば回れ」で良いと思っています。私が勉強を始めたのは28歳の

時です。それに比べると，学生時代から勉強を始めた人の場合は十分なリードがあるわけで，1科目ないし2科目ずつ着実に勉強し合格していっても，合格が遅すぎるということは全くありません。

　むしろ，落ち着いて勉強のできる環境の中で，自分自身や勉強のこと，社会のことなどを考えたり，他の書物を読む時間を持ち，見聞を広めながら5科目合格まで持っていった人のほうが，その後の伸びが違うように思います。

　税理士はその見識の広さにより仕事の幅が違ってくる職業だからです。

　皆さんは「大器晩成」という言葉を知っていると思います。私はこの言葉は「若いうちはたいしたことなくてもいい」という教えではなく，「器の大きな人とは，いくつになっても謙虚な気持ちを忘れずに自分を向上させている人のことだ」という教えだと思っています。

　私が尊敬するクライアントの社長さんの中にも，「私はいつも書生の気持ちで過ごしている」とおっしゃる方がいます。私とは親子ほどの年の差があるにもかかわらず，本当に謙虚に私の話に耳を傾けて熱心にメモを取られて，質問をしながら会社や自分を向上させようとなさっています。

　確かに受験生活は短いに越したことはありませんが，そこでの1年や2年の差よりも，こうした合格してからの心がけの差のほうが，後々圧倒的な差になるのです。

　どうか焦らずに進んでいってください。

税理士試験の概要

ここでは，これから税理士を目指そうとしている人のために，税理士試験の概要について説明します。

受験資格

税理士試験を受験するには，一定の受験資格を有していないといけません。つまり，誰でもすぐに受験できるわけではないので注意が必要です。受験資格としては，以下のいずれかに該当することが必要となります。

A　学歴による受験資格者

大学若しくは高等専門学校を卒業した者でこれらの学校において法律学又は経済学を修めたもの等

B　国税審議会の認定した者

具体的には，日本商工会議所主催簿記検定試験1級，高等学校の簿記，会計の担当教諭等，法律学又は経済学に関し，大学卒業者等と同等の学力を有すると認定した者

C　3年以上の職歴による受験資格者

税務官公署等，行政機関，税理士業務等の補助事務，法人の会計事務等に従事した期間が3年以上である者

D　司法試験合格者

E　公認会計士試験短答式試験合格者

受験科目

A　科目別合格制度

税理士試験は科目別合格制度を採用しており，一度に全科目（5科目）を受験して一括合格する必要はなく，受験した科目につき満点の60％以上の成績

を得ればその科目は合格とされ，合格した科目については積み上げていくことができ，累計で5科目合格となった時点で最終合格となります。

　最終合格の場合だけ，官報に受験番号と氏名が公表されるため，受験生の間では最終合格のことを「官報合格」と呼んでいます。

B　税法に関する受験科目

○国　税
　（ア）所得税法
　（イ）法人税法
　（ウ）相続税法
　（エ）消費税法又は酒税法のいずれか1科目
　（オ）国税徴収法
○地方税
　（カ）住民税
　（キ）事業税
　（ク）固定資産税

　上記の科目から3科目を選択して受験し，合格しなければなりません。ただし，所得税法と法人税法は必須科目であり，このうちいずれか1科目は必ず選択のうえ合格しなければなりません。

C　会計に関する受験科目

　（ケ）簿記論
　（コ）財務諸表論

　これらの科目は必須科目であり，必ず受験して合格しなければなりません。

合格率の考え方

　ここで皆さんに知っておいていただきたいのは，合格率の考え方です。税理士試験は難関といわれています。確かに，全科目での平均合格率は20％前後ですから，簡単な試験でないことは間違いありません。ただし，この合格率は表面的な合格率です。つまり，資格試験の受験者数の分母には，かなりの数の試し受験組が含まれています。簿記論，財務諸表論など税理士試験が初めての人が受験するであろう科目では，この傾向がより強いと感じています。

　本気で1年間勉強してきた人を分母とすると，合格率はかなり違ってきます。ちなみに，仮に毎年の受験者数の20％が試し受験組だとすると，以下の表のように合格率を再計算することができます。

実質合格率（試し受験者が20％の場合）

令和2年度	受験者数 （①）	試し 受験者数 ②（①×20％）	実質 受験者数 （①－②）	合格者数	実質 合格率	公表 合格率	差異
簿記論	10,757	2,151	8,606	2,429	28.2％	22.6％	5.6％
財務諸表論	8,568	1,714	6,854	1,630	23.8％	19.0％	4.8％

　このように計算してみると，合格率が随分違ってきます。試し受験の人の数がどれほどかは正確にはつかめませんが，私が受験生の時は，「試し受験生を除くと合格率は25％くらいだな。そうすると，4人に1人は受かる試験になるわけだし，決して難しいハードルではないな」と自分に言い聞かせて試験に臨んでいました。

　資格試験の場合，気持ちの持ちようで，実力は同じくらいでも着実に合格していく人と，ぎりぎりで不合格になってしまう人に分かれることが多いのが実情です。

　合格率に対する考え方も，合格率が低く難しい試験だなと思って受験する人と，実際の合格率は結構高いので合格しないとおかしいと思って受験する人では，本試験での結果に大きな差が出てきます。

「税理士試験の合格率は恐るるに足らず！」ということをぜひ知っておいて
ほしいと思います。

※土俵の上に乗っている人は意外に少ない！
受験者数で不安になることはない。

 3 税理士の科目免除制度

大学院通学による科目免除制度について

　税理士は国家資格ですので，税理士になるには，税理士法第3条により，国
家試験である税理士試験に合格するか，弁護士，公認会計士の資格を取得する
必要があります。ただし，税理士法第7条および第8条で，税理士試験科目の一
部免除の規定を置いており，最近は，税理士受験予備校でさえ，早く，確実な
方法として，この税理士試験の一部免除制度をすすめているところがあります。

　税理士を資格として捉えるならば，免除制度を活用して，税理士資格を取得することも問題ないかもしれません。しかしながら，税理士は，第3章で述べたように，国民主権を基礎とする近代国家にとって重要な制度である「申告納税制度」を健全に維持発展させるという責務を負っている専門家であり，単なる資格ではありません。

　この制度趣旨から，なぜ税理士法において，税理士試験免除の条文を用意しているかを考える必要があります。税理士法第7条では，税法に関する修士の学位等を取得した場合には税法2科目を免除し，会計学に関する修士の学位等を主とした場合には会計科目1科目を免除するとしています。また，税理士法第8条では，以下の者の税理士試験の試験科目について，一定の免除をするとしています。

- 税法に属する科目等の教授，准教授，講師の経験が3年以上ある者及び税法に関する博士の学位を取得した場合には税法科目を免除
- 会計学に属する科目等の教授，准教授，講師の経験が3年以上ある者及び税法に関する博士の学位を取得した場合には税法科目を免除
- 税務署等に一定期間勤務した者については税法に属する科目を免除し，更に一定の要件を満たした国税職員等が国税審議会の指定した研修を修了した場合には会計科目を免除

税理士試験免除制度が設けられた趣旨について

　税理士法の規定を参照すると，なぜ免除制度があるかは明確です。つまり，税法や会計制度を専門的に研究し，あるいは，教授として長年研究してきた人たちの知識や，税務行政の現場において，長年さまざまな実務に携わってきた実務経験を税理士業界に早くフィードバックしてもらうという公共の利益が，修士の学位取得者や学者の人たちに税理士試験免除の特典を与えるという個人の利益を上回っている，という判断があるからです。

　早く税理士資格を取得したいという気持ちは，税理士試験の厳しさを知っている身としては痛いほどわかります。しかしながら，これからの厳しく，前例

のない人口減少社会を目の前にして，税理士たちが一丸となって，その社会問題解決に向けてきちんと機能するためには，国家試験制度を堅持することがとても重要だと考えています。

　もちろん，税理士試験制度をより良い制度としていくことは，現在の税理士業界が考えていくべきことなのですが，これから税理士を目指す人たちにおいても，なぜ税理士試験の免除制度があるのかを理解したうえで，この業界を目指していただきたいというのが，私の正直な気持ちです。

 ## 短期間で確実に合格する勉強法

　ここでは，税理士試験を短期間で確実に突破するための勉強方法について触れたいと思いますが，同時に受験科目の選択の仕方もとても重要なので，合わせて触れておきます。

実務で役立つ科目とは？

　税理士試験は，簿記論＋財務諸表論＋（法人税法または所得税法）＋税法2科目の5科目の合格科目を積み上げることにより，最終的に合格できる仕組みです。試験に合格することだけを考えれば，どんな科目でも早く5科目揃えられれば良いでしょう。しかし，せっかく一生懸命努力するわけですから，なるべく実務に役立つ科目を勉強するほうが長い目で見ると良いと思います。

◇実務に直結した科目は6科目

　税理士試験のことをとりあえず考えないとして，実務で必要な科目は何？と聞かれれば，「簿記論＋財務諸表論＋法人税法＋消費税法＋所得税法＋相続税法」の6科目ということになります。

　特に，法人税法と消費税法の知識は，会計事務所で最も基礎的な業務であるクライアントの経理データを会計ソフトに入力する際にすぐに必要となってき

ます。

　たとえばこんな感じです。

私「A 君，○○会社の 10 月分の資料が到着したので，入力頼んだよ。この会
　　社は 10 月が決算月だから，決算整理仕訳を入れないところで，入力データ
　　を 1 回見せて」

担当者「はい」

私「ところで，この会社は，原則課税だっけ，それとも簡易課税？　それか
　　ら，この会社は，税込経理，それとも税抜経理？」

担当者「原則経理です。税抜経理をしています」

私「OK。じゃ，入力して税抜処理した段階で，ある程度所得が固まるわけだ
　　ね。その段階で 1 回試算表見せて。この会社は，結構工事売上が上がってい
　　るので，この社長と打ち合わせした損益予測では，利益の計上が結構見込ま
　　れているはずなので，早めに納税の概算を固めたいね」

担当者「了解です」

◇消費税の知識は，どんな会計データの入力でも必要

　上記の会話は，大部分が消費税に関する取扱いの確認と，その確認をもとに
法人税の計算の基礎となる課税所得についての見極めをしているので，この部
分が全く白紙だと 1 仕訳目の入力からストップしてしまいます（今の会計ソフ
トは，この消費税の登録を 1 仕訳ごとに入力していかないと先に進めないよう
になっています）。

　つまり，消費税の知識は，入力だけのアルバイトで実務経験を積もうと思っ
ている人でも必須知識です。したがって，今仮に簿記論と財務諸表論だけ勉強
が進んでいる人でも，早めに簡単な消費税の解説書を読んで理解をしておいて
ください。

◇法人税法の勉強量は近年急増している

　では，法人税の知識はどうでしょう。これも実務では必要不可欠なのですが，

書店等に行って法人税の本を手に取ると，気後れしてしまうほどこの本が分厚いのです。特に最近法人税法の改正は目白押しで，この分厚さがどんどん増しています。

私の事務所でも，ある法人税の書籍の改訂作業を出版社から引き受けています。毎年改訂しているのですが，これが本当に気絶するくらいのボリュームです。

弁護士は六法全書を駆使しますが，我々税理士も「税務六法」という六法全書を使って仕事を進めます。この税務六法を年度ごとに並べると，近年その厚さの増し方には目をみはります。数年前まで2分冊だったものが，3分冊になり，これが4分冊に突入するのも時間の問題という感じです。

この増加項目の大部分は法人税関係なので，法人税の範囲で吸収しなければならない知識量は，ここ10年くらいで2倍以上に増えています。受験生も大変なのですが，受験予備校も大変です。出題範囲が広がったために，的がとても絞りにくくなっているからです。近年の税理士試験は，実務的な問題が重視されてきているとはいっても，実務も国際税務，ファンドや信託などの集団投資税務，M&Aなどの企業再編，企業再建，会社法等その他の法律の改正に伴った改正税務など，多種多様な業務が登場しており，何が出題されてもおかしくない状況です。おのずとかなり広い分野までカバーしたテキスト作りをせざるを得ず，法人税法の勉強は今大変な時代となっています。

◇**法人税法での受験は避けるべきか？**

では，法人税法を受験科目から避けたほうが良いか。答えはノーです。確かに受験勉強は以前の人より大変だと思いますが，これは最大のチャンスだと捉えてほしいのです。以前に法人税法に合格した人は今の法人税法を勉強していません。しかし最近の改正こそがクライアントが求めている法人税法の専門知識なわけです。つまり，頑張って合格できれば，それだけで既存の税理士に対して相当の競争力を持てます。

風が吹けば桶屋が儲かるのと同じで，制度が複雑になればなるほど，これを

身につけた人に有利になります。ぜひ正面から法人税法にぶつかって突破してください。

◇実務で最低限必要な法人税法の基礎は 30 時間くらいで大丈夫

今これを読んでいる人の中で，法人税法の勉強が進んでいない人は，「これは大変だ。簿記論と財務諸表論の勉強が終わったので，後は働きながら合格していこうと思ったけれど無理かなぁ」と思った人もいるかもしれません。確かに簡単ではありませんが，これはあくまで法人税法の知識を科目合格レベルまで持っていくときの話ですので，実務入門編としての最低限の知識はそんなに多くはありません。だいたい 30 時間くらいのベーシックな部分を勉強すれば，入力を中心とした業務を行うことは可能です。

簿記論，財務諸表論は先に片付ける

簿記論と財務諸表論は，最初に片付けておくべき科目といえます。税理士試験は後に税法科目が控えています。これらの科目は理論問題と計算問題を組み合わせて勉強していくため，いったん勉強のリズムを自分で確立できれば，どの税法科目も同じようなペースで勉強できます。したがって，簿記論と財務諸表論は，どうしても最初に片付けておきたい科目です。

また，これらの科目を受験する頃は，自分は本当に税理士に向いているのだろうか，税理士試験を突破するぞと心に決めたが本当に大丈夫だろうかなど，まだ不安でいっぱいの時期です。同時に，前にも書きましたが，結構受験に対して熱い気持ちで突っ走っている時期でもあります。

したがって，これら2科目を順調にクリアできるかが，第一関門だと思ってください。

そして，この2科目を勉強している間に，今一度じっくり自分と向き合う時間を作ってほしいのです。自分の志望動機の強さ，税理士試験勉強のペースの作り方，自分の適性などを今一度点検する期間としてください。前にも申し上げましたが，特に社会人の人は，簿記論・財務諸表論の2科目を合格するまで，

できれば今の仕事を辞めずに頑張ってください。

連続科目合格を続ける戦略を立てよ

　税理士試験は，5科目合格すれば終了となります。しかし，税理士登録をするには実務経験が必要となるので，通常はどこかのタイミングで会計事務所等へ就職して，実務経験を積むことになります。

　つまり途中で就職活動を経験することが多いわけですが，過去の税理士試験の受験歴，合格歴が面接に際しての大きなチェックポイントとなっていることを知っておいてください。

　たとえば今，合格科目数が3科目で一緒，科目の内訳も同じ応募者がいたとして，一方の人は毎年1科目ずつ合格し，今年の合格発表で3年連続で合格。もう1人は合格年の間隔がかなり空いてしまっている人だとすると，どちらの評価が高くなるでしょう？

　当然，毎年着実に合格科目を積み上げている人の方が高いわけです。これから受験を始めようとしている人も，今受験生活にある人も，ぜひ連続合格の履歴作りを心がけてください。

3科目合格までいけばゴールが見える

　税理士試験をイメージすると，3科目合格までが登り坂で，その後が下り坂といった感じだと思います。つまり3科目合格までは，ゴールが全く見えない中でひたすら急坂を登っていかなければなりませんが，4科目目，5科目目になると，もうゴールラインをはっきり見ながら下り坂を転ばないで駆け下りるというイメージです。

　ですから，3科目合格までは，ゴールが見えない不安と向き合いつつこれに打ち勝ってほしいです。そして，4科目目，5科目目の人は今までつかんだペースを乱さずに一気に駆け抜けてください。

最終科目で足踏みしている人へ

　受験生を見ていると，最後の５科目目で数年足踏みする人がいます。既に必須科目を取り終えているので，週１回講義の比較的軽い科目での受験を選択し，これをパスするのに何年もかかる人が多いのです。

　実は，週１回講義科目は出題範囲が限定されていて，その科目を網羅的に勉強するため合格ラインがとても高いケースが多くなっています。つまり，勉強時間は短くて済みますが，１つの失点が合否を決めてしまうため，週２回講義科目に比べてかえって合格の確実性が低くなる可能性もあることを知っておかなければなりません。また勉強範囲が狭いため，受験勉強期間が長くなると，講義のほとんどが自分にとっては常識的な内容であると思ってしまい，直前期まで本格的な勉強をせずに結局乗り遅れてしまうという失敗を犯す人も多くなります。

　ぜひ，最後まで緊張感を持ち続けて駆け抜けていってください。

働いている人の場合の必勝パターン

　税理士試験は，インプットした知識を自分で何回もアウトプットしながら身につけていく作業を繰り返すことによって突破できます。問題は，このインプット＆アウトプット作業を繰り返すサイクルを，いかに確立するかにかかっているわけです。

　特に社会人の場合，仕事に大部分の時間が拘束されるため，なおさらこのサイクル確立が重要となります。

　人それぞれ集中できる時間帯が異なるので絶対とは言えませんが，私の経験からいうと，週末をインプット時間とし平日はアウトプット時間に位置づけると，社会人の場合うまくサイクルが確立できるようです。

◇平日は飲み会の時間を作ろう

　社会人の場合，平日は残業もあるし，夕刻仕事に煮詰まってくると，冷えた

ジョッキがちらついてくるものです。会計事務所の仕事は1日中コンピュータ
と向き合って入力をしたり，資料を整理する仕事が多くなります。クライアン
トと話すこともありますが，黙々と仕事をするほうがむしろずっと多いのです。
ですから午後6時過ぎになりお腹が鳴り始める頃になると，私が税理士事務所
に勤務していた時には，おもむろに事務所を見回すことがよくありました。机
の前のパーテーションから，カバのように目だけを上げて，私と同じ心境にな
っている（つまり，もう今日はこれくらいにして，飲みに行きたいと思ってい
る）同志を探すのです。幸い確実な同志が2名ほどいるのがわかっていたので，
午後7時過ぎには「プファー」とやっていることが多々ありました。やはりこ
ういった時間は，人間として絶対必要だと思います（今は，感染防止のための
自粛でままなりませんが……）。

　その日のストレスは解消できるし，お互いの日頃のうさが晴れるので，週1
回くらいの飲み会は，社会人にとって必要不可欠なのです。うちの事務所にも，
この交流をとても大切にしているスタッフが結構います。

　お酒と勉強と仕事の3つは，やり方次第ではうまくやりくりできるものです
ので，皆さんもうまくペース配分してみてください。

◇**私のやり方—週末インプット，平日アウトプット方式**
　社会人として責任ある仕事を引き受ける場合，「今日は勉強があるので……」
という言い訳は，お客様には全く関係のない話です。つまり，どんな突発的な
仕事が入っても対応できる環境の整備が，社会人受験生には必要となります。
　この環境をジレンマなく作り上げるにはどうすれば良いか？　私が出した結
論は，週末に学校に通う方法でした。私が通った受験予備校の場合，週2コマ
の大科目（簿記論，財務諸表論，法人税法，所得税法，相続税法）については，
土曜日の午前・午後で2コマを一気にやってしまう土曜ロングランコースなる
ものを設定していました。インプットを週末に持っていったおかげで，平日は
安心して仕事に打ち込んだり，時にはお酒を楽しむことができたわけです。

インプット時のオリジナルテキスト作成作業が最も重要

これは受験予備校の先生が必ず伝授しているはずなので，既に勉強を始めている人には周知のことなのですが，一応お伝えしておきます。

まず授業に出て何をしてくるか。

内容を理解することが最重要なのですが，これと同じくらい，いやこれ以上に大切なのが，復習できるテキストに作り変える作業です。税理士試験の勉強範囲は膨大なので，授業を聞いただけでは，記憶にとどめておくことはとてもできません。したがって，重要なポイントをいかに外さずに復習できるかが，合否の分かれ目となるのです。

税理士試験問題の作成手順を知り対策を講ずる

税理士試験はどのように作成されるのでしょうか。私もいろいろな模擬試験を作成するのでよくわかるのですが，まず問題群を難易度別に３つのグループに分けます。

仮にこのグループをA，B，Cと呼び，以下のような特徴でグループ分けを行います。

① Aグループ…税理士実務において必要不可欠な基礎的な知識。その他最近の税制改正項目で重要と思われる項目を中心としたグループ

② Bグループ…最近の実務事例の中で重要と思われる取扱いや今後重要となる項目だが，Aグループに比べると実務で出会う頻度が少ないケースや難易度が高い問題グループ

③ Cグループ…全体の配分からして出題ボリュームや配点も少ないと考えられるが，他の法律改正を受けた項目や，実務では重要なテーマであるため受験生にアピールしたい項目を中心としたグループ

次に，この３つのグループからの出題ボリュームを決めます。だいたいAグ

ループからは60％～70％くらいを出題し，Bグループからは20％～30％くらい，そしてCグループから10％～20％くらいを選んで，問題のボリュームを決めていきます。

その際には，当然受験生の正答率を考えて問題を選別していきます。

基準となる正答率は，Aグループで80％くらい，Bグループで50％くらい，Cグループでは10％くらいです。

いま仮に，最終的にAグループ60％，Bグループ30％，Cグループ10％とすると，Aグループ48点，Bグループ15点，Cグループ1点，合計64点で，ほぼ合格ラインをクリアできると想定できます。

では，受験生としてはどのような対策を講じればよいのでしょうか。もうおわかりだと思いますが，AグループとBグループの知識を確実に復習して，試験に備えれば良いわけです。

したがって，インプット授業ではこの作業がとても重要です。私も自分で3種類のラインマーカーを用意したうえで，A，B，Cそれぞれの専用色を決め，テキストをどんどん色付けして，授業中にオリジナル復習テキストをどんどん作っていきました。

これが，後のアウトプット作業の際に絶大な効果を発揮するのです。

１日３時間のアウトプット時間を確保する

次にアウトプットのやり方ですが，これには少し工夫がいります。税理士試験の税法科目は，理論と計算の2つの問題から構成されています。つまり，アウトプットも，この2つの分野をバランスよく配置しないとうまく習得ができないわけです。

また，このアウトプットに必要な時間ですが，週2コマの大科目の場合，だいたい6月くらいまでで，1,000時間くらいの勉強時間を確保する必要があります。試験勉強は9月から始めるので，7月までは11カ月間。つまり，1カ月当たり90時間の勉強時間の確保となります。これを30日で割ってみると3時間となり，毎日3時間の勉強時間の確保ができれば合格できます。また土

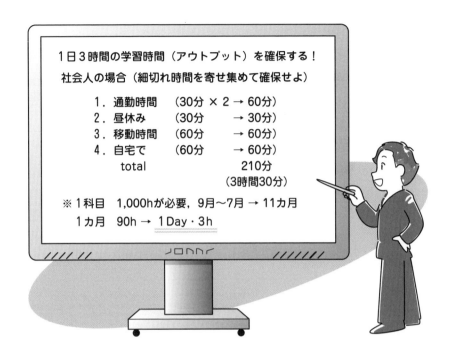

1日3時間の学習時間（アウトプット）を確保する！

社会人の場合（細切れ時間を寄せ集めて確保せよ）

1. 通勤時間　（30分 × 2 → 60分）
2. 昼休み　　（30分　　 → 30分）
3. 移動時間　（60分　　 → 60分）
4. 自宅で　　（60分　　 → 60分）
　　total　　　　　　　　210分
　　　　　　　　　　　　（3時間30分）

※ 1科目　1,000hが必要，9月〜7月 → 11カ月
　1カ月　90h → 1Day・3h

曜日に6時間勉強時間を確保しているので，日曜日を完全休養日としても，平日に確実に3時間を確保できれば，1カ月を通してノルマ達成となります。

　では，仕事のある平日にどうやって3時間を捻出するか？　これはもう完全に「細切れ時間の寄せ集め作戦」しかありません。社会人の場合，1日のどこを見渡しても3時間連続した勉強時間など転がっていません。

　私の場合，片道30分の電車の往復で1時間。昼休み時間で30分。クライアントの所への移動時間等で1時間。家に帰って1時間。だいたいこの4つの時間の中から，最低3時間を捻出していました。

◇電車耳栓男子

　まず，理論の暗記ですが，これはもう完全に通勤電車が勉強時間帯でした。結構すし詰め状態の電車に1時間ほど乗って通勤していましたが，朝ホームで乗客の列に並ぶと同時に，背広のポケットから黄色耳栓を取り出して装着。使

ったことのある人は実感していると思いますが，これを装着すると本当に別世界に飛んでいけます。しかも，ほんの少しの声でも自分の声が頭の中に響き渡るので，理論の暗記環境としてはとても良い環境が得られます。また，電車の中は押しくらまんじゅう状態なので，立っていてもそんなに疲れません。

　したがって，自分では結構ごきげんな状態で，1人両耳から黄色いスポンジをちょっとのぞかせながら，口パクをずっと続けていました。自分としてはとても真剣だったのですか，冷静に考えるとちょっとアブナイ電車耳栓男子だったかなと感じなくもありません。

◇昼休み耳栓男子

　次に計算対策なのですが，さすがに計算問題は紙と鉛筆それに電卓がいるので，電車の中ではできません。やはり1時間ある昼休みを使うしかありません。かといって，昼ごはんタイムは，社員にとっては貴重なリラックスタイムであり，特に女子スタッフにとっては，話しながらの気分転換の場です。一方私にとっては，貴重な勉強時間なので早々に食事を済ませて計算問題に着手するのですが，事務所の中は楽しい雰囲気に包まれてとてもにぎやかなのが常です。

そこで，やむを得ず耳栓をして，自分の世界へ飛んでいっていました。

やはりちょっと危ない感じだったのか，昼休みに私に近づく人はあまりいませんでした。

学生の人へ—焦って無理な複数科目受験をしないこと

社会人に比べて，学生や受験に専念している人の時間配分は全く異なります。基本的に時間は全部試験勉強に使うことができるので，頭によぎることはいかに早く官報合格するかだけでしょう。そうすると，次に考えることは，「1年間に何科目を並行して勉強できるだろうか」ということです。

最短で2年。遅くても3年でと考えている受験生も多いと思います。もちろん，短期に合格できればそれが一番良いでしょう。しかし，無理な複数科目受験をすると，せっかく受験に専念しているメリットや強みが発揮できないこともあるので，注意が必要です。

この点は，104頁で一度触れていますので，もう一度そこを参照してください。3科目＋2科目で，計算上は確かに5科目となります。でも，単に5科目を「2年間で勉強できました！」では意味がないわけで，「合格した！」でな

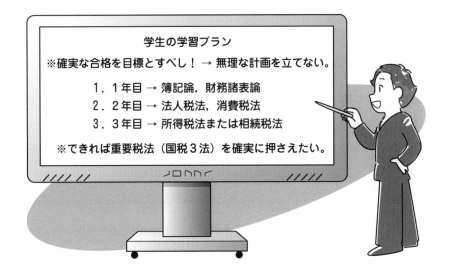

学生の学習プラン

※確実な合格を目標とすべし！ → 無理な計画を立てない。

1. 1年目 → 簿記論，財務諸表論
2. 2年目 → 法人税法，消費税法
3. 3年目 → 所得税法または相続税法

※できれば重要税法（国税3法）を確実に押さえたい。

ければなりません。そのためには，5科目それぞれについて，「合格に必要な時間を確保する」というハードルの設定が必要と認識しておいてください。

　私としては，しっかり落ち着いて勉強する時間を確保できる環境が与えられているのですから，1年目簿記論と財務諸表論，2年目法人税法と消費税法，3年目所得税法または相続税法で官報合格という3年プランが，安全かつ確実かなと思います。しかも，これで確保できる税法科目はすべて実務に直結しているものばかりなので，実務に就いた時のプレッシャーも少なくて済みますし，また重要税法について最新の内容を押さえているという優位性も確保できますので，ぜひトライしてほしいと思います。

通学が望ましい

　通学が可能な人は，できれば学校に通って勉強してほしい。これにはいくつか理由があります。

◇他の受験生と顔を合わせることが必要

　本試験は，多くの受験生と顔を合わせて集団の中で自分の能力を発揮しなければなりません。このような環境の中で平常通りの実力を出すには，やはり日

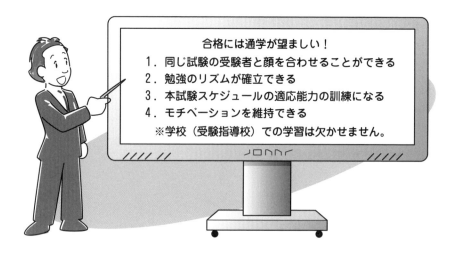

合格には通学が望ましい！
1．同じ試験の受験者と顔を合わせることができる
2．勉強のリズムが確立できる
3．本試験スケジュールの適応能力の訓練になる
4．モチベーションを維持できる
　※学校（受験指導校）での学習は欠かせません。

頃からこのような環境に自分を慣れさせなくてはなりません。したがって，通信教育等以外に勉強の手段がない人を除いては，極力学校に通って他の受験生とともに机を並べて勉強する環境を整えてほしいのです。

◇**勉強リズムの確立**

通学を始めると，毎週決まった曜日の決まった時間に勉強する習慣が作りやすくなります。長い試験勉強期間が必要なので，勉強サイクルが早期に確立できるメリットはとても大きいのです。

◇**WEB 講座の組み合わせも有効**

最近は，WEB 講座などが充実してきていて，自分のペースで受講することができるので，こちらを組み合わせることも有効です。特に，現在は，新型コロナウイルスの感染防止の観点から，学校での勉強がなかなか難しいという現実があります。また，社会人の場合には，仕事の都合で，決められた時間に受講することが難しいという現実もありますので，そのような場合には，WEB講座の併用をお勧めします。

◇**相手が決めたスケジュールへの適応能力の訓練**

通学の場合，相手（この場合は学校）が決めた時間に自分を合わせて勉強することになります。人それぞれ，生活サイクルやリズムを持っていますが，本試験の場合もあらかじめ決められた時間に自分を合わせて，その時に自分の能力を最大限発揮しなければ合格できません。

このように，相手が決めた環境の中で勉強する習慣は，通信教育の場合などのように自分のペースで勉強する環境では，なかなか養いにくいのです。

会計事務所に勤務しながら勉強している人へ

一般企業に勤務している人と違って，会計事務所には独特の仕事のサイクルがあります。会計事務所に勤務しながら試験合格を目指す人は，この独特のサ

イクルがあることを知っておき，仕事と勉強の両立を図っていかなければなりません。

◇**１月から５月の勉強の仕方が勝負**

　ベーシックな業務を行っている会計事務所の１年間のスケジュールをまとめると以下の表のようになります。

　これを見てもらうと，一番の繁忙期は，１月から５月であることがわかります。実際には，12月の年末調整業務から繁忙期が始まって，１月の法定調書関係，償却資産の申告，２月から３月にかけての個人の確定申告，５月の３月決算法人の申告業務と，それこそ目が回るくらいの忙しさとなります。

　かたや，試験勉強のサイクルにとっても，１月から５月は知識のインプットの完成時期であり，とても重要な時期です。

　６月に入ると，答案練習会などのアウトプット中心の勉強に変わっていくので，この段階でインプットが遅れてしまっていると，他の受験生も本試験まで２カ月を切って目の色を変えて勉強をし始めるので，挽回することがとても難

会計事務所の１年間のスケジュール

	業務内容
１月	給与支払報告書の提出
	法定調書の作成
	償却資産税の申告
	６カ月に一度の源泉所得税の納付の特例の計算
２月	個人の確定申告作業が開始
	12月決算法人の申告がピーク
３月	個人の確定申告作業がピーク
５月	３月決算法人の申告がピーク
７月	６カ月に一度の源泉所得税の納付の特例の計算
12月	年末調整

しくなります。

　つまり，会計事務所に勤務している人は，この時期に仕事と勉強をうまく両立させて乗り切る方法を確立しないと，合格が遠のいてしまうのです。

◇ 普段にも増して細切れな時間を有効に活用すること

　繁忙期に勉強時間を確保するには，細切れな時間を一生懸命にかき集めるしかありません。自宅との往復時間，昼休み時間に加えて，出向中の電車やバスの時間も勉強時間に充てて，1日3時間の勉強時間を累積で稼ぐしかありません。

　私もクライアントの所へ出向する往復は，極力理論の暗記時間に充てていました。

◇ 時には近くのホテルに宿泊して勉強時間を確保

　私が会計事務所に勤務していた時は，片道1時間ほどの通勤時間でしたので，繁忙期で勤務時間が深夜に及ぶとさすがに体力的にまいってきて，勉強への意欲も減退してしまうことがありました。

　そんな時は，思い切って事務所の近くのビジネスホテルに泊まってしまうこともありました。歩いて数分でしたので，仕事で多少遅くなっても睡眠時間を確保できて体力を回復させることができましたし，朝少し遅くまで寝ていても勉強時間を確保できました。もちろん毎日は無理ですが，疲れがたまってしまったときのカンフル剤として，時々行っていました。

　受験生の中には，とてもスマートに勉強をしながら，すっと合格してしまう人もいるかもしれませんが，私の場合には，決して格好は良くありませんが，とにかく空いている時間を勉強に充てて頑張る！　という方法で臨んでいました。

夜遅くなった場合は
オフィス近くのビジネスホテルで（勉強）！

コラム

株主と取締役と監査役の違いは？

　会社は，株主が設立して，その経営を経営者（取締役）に任期を決めて委任して運営する形態をとっています。これが「所有と経営の分離」という株式会社の基本形です。つまり，経営者は，株主が虎の子として出資したお金を増やすことを任された経営のプロフェッショナルといえます。

　そして経営者は，年に1回自分の経営の結果を財務諸表にまとめて報告して，株主から自分の経営能力のチェックを受けることになっています。もし会社の経営成績があまり芳しくない場合には，株主は，株主総会においてその経営者を解雇して別の経営者に自分の会社の経営を委ねることを検討するわけです。問題は，この株主総会に提出する経営資料を誰が作成するかです。誰だと思いますか？　答えは経営者です。経営者にとっては自分の首がかかっている資料ですから，少しでも良い数字にして報告したいと思うはずです。ここに粉飾決算の動機が生じるのです。この粉飾決算を防止するために，会社法では監査役という制度を置いています。つまり，経営者が作成した資料が正しいものかどうかを監査するわけです。

　ただし，監査役といっても，すべての人が監査や会計の専門家であるとは限りません。したがって，上場企業や，資本金や負債が多い会社など，多くの株主が存在したり世の中に対する影響が大きい会社に対しては，公認会計士の監査を義務付けています。また，平成18年からは，経営者と共同で経営資料の作成を行うことを職責とする役員として「会計参与」制度を新しく整備し，公認会計士と税理士をこの任に当たらせています。

　中小企業の社長の中には，「俺は営業（または技術）一本で数字はからっきしダメなんだよ！」という方も多いのですが，これからの人口減少時代においては，海外進出，事業提携，新分野への投資など今までと異なる試みを検討する機会が増えるはずです。是非営業にも数字にも強い経営者になっていただきたいと思います。

第 5 章

会計事務所
就職アドバイス

　ここでは，会計事務所へ就職することを考えてい
る人たちが気になっているであろうことや，気をつ
けてほしいことなどに触れてみます。

どのタイミングで就職したら良いか？

未経験，合格科目ゼロでも勉強との両立は可能？

　この疑問が，会計事務所に就職を考える時に一番気になるところだと思いますし，就職面接会でも一番多い質問です。

応募者「会計事務所に就職する場合には，何科目くらい合格しているのがベストですか？」

私「簿記論，財務諸表論の会計科目に合格し，法人税法，消費税法のいずれかを合格レベルまで勉強し終えた８月の本試験の後のタイミングかな。

　　12 月の発表で３科目合格になれば，残り２科目だから，最短で２年間勉強と仕事をうまくバランスさせればいいからね」

応募者「私は簿記論と財務諸表論の勉強を終了して，現在発表待ちの状態です。会計事務所に就職しても，勉強と仕事を両立できるでしょうか？」

私「会計データ等の入力業務であれば大丈夫だと思うけれど，とにかく早く確実に簿記論と財務諸表論を片付けないとね。税法科目と会計科目は勉強のリズムが違うから，後に残すとつらいよ」

　まず未経験という部分ですが，これはそれほど心配はありません。会計事務所の業務は専門家業務なので，経験よりも知識が必要な部分が多いからです。

　したがって，会計事務所での勤務経験がなくても，合格科目があれば比較的すぐに実務を行うことができます。

　合格科目がゼロの場合ですが，簿記論と財務諸表論が試験レベルまで達していないと厳しいと思いますが，たとえば８月の本試験で簿記論と財務諸表論が試験レベルまで達しており，12 月の発表で合格できたという状態であれば，

頑張れば仕事との両立もそれほど難しくはありません。

社会人経験なしでの入社の場合，4つのプレッシャーを覚悟

たとえば，大学を卒業後1年ほど試験に専念して，簿記論と財務諸表論に合格して，会計事務所への就職を検討しているとします。

この場合，皆さんの中には，「まず仕事に慣れなくちゃいけないし，かつ，自分の勉強時間を確保しなくちゃいけないから，なかなか大変だろうな」と考えていらっしゃる方が多いと思います。

でも，実際にはもっと多くのプレッシャーがかかることを，あらかじめ知っておいてほしいと思います。

社会人経験なしでチャレンジする場合には，4つのプレッシャーと向き合い，これを乗り越えなくてはなりません。

1　社会人としての基本を覚えるプレッシャー

皆さんは入社したてでも，お客様はそんなことは考慮してくれません。最初は電話の相手先の名前すら正確に聞き取れないと思います。また，お客様にクレームを言われて，思わず逃げ腰の対応となって，よけいにトラブルになることもあるかもしれません。慣れればなんてことないのですが，最初は結構大きなプレッシャーとなります。

これは私の事務所のスタッフにも言うのですが，「お客様からクレームをいただいた時は，気持ちのうえで逃げ腰になってその場を取り繕うのが一番いけない対応だよ」と言っています。正面から受け止めて，指摘を謙虚に聞く姿勢をもって臨めば，問題は必ず解決できるものです。そういう時は逃げずにお客様からのクレームを正確に聞き取って，速やかに上司に報告するようにしてください。

2　実務を行うために必要な勉強をするプレッシャー

会計事務所で実務を進めるには，簿記と財務諸表論の知識だけではとても足りません。したがって，最初は法人税や消費税，源泉所得税など，自分の試験勉強とは別の勉強をする時間を確保していかなければなりません。

　試験勉強だけでも時間の確保が大変なわけですから，この実務のための勉強というプレッシャーがあることも知っておかなければなりません。

3　実務のプレッシャー

　会計事務所の仕事には，納期がはっきり決まっている仕事が多くあります。知識が不十分な時は，自分1人で仕事を進めていけないジレンマや，仕事がなかなか進まない焦りを感じます。

　決算申告作業などを周りの先輩スタッフがてきぱきと進めていくのを見たりすると，とてもプレッシャーに感ずるものです。

　中には，このプレッシャーに耐えかねて，もう少し勉強してから会計事務所に勤務しようと退職を考える人もいるくらいですが，ぜひプレッシャーに打ち勝って，一度決めた道にチャレンジしてほしいと思います。

4　試験合格のプレッシャー

　税理士に挑戦するわけですから，科目合格できなければ先に進みません。また，早く試験勉強から解放されて実務に集中したいという気持ちもあるでしょう。最初からわかっているプレッシャーですが，他の3つのプレッシャーと同じように，正面から受け止めて乗り越えてください。

　税理士を目指す人が皆通る道ですし，今しか感じることのできないプレッシャーです。後から思い出せるくらいしっかりプレッシャーを受け止めて，自分の貴重な経験に変えていってください。この経験が，必ず皆さんのこれからの人生に役に立つはずです。

消費税の知識は必須

　会計事務所ではクライアントの会計データを入力することも多いのですが，この会計データを実際に入力するには，仕訳を入力した後に必ず消費税の登録をしなければ，1つの仕訳入力が完成しない仕組みになっています。

　つまり，最低限の消費税の知識を知っておかないと，いきなり入力初日から手が止まってしまい，不安でいっぱいになってしまいます。

　では，この最低限の消費税の知識とはどのレベルかといえば，次の表を見て

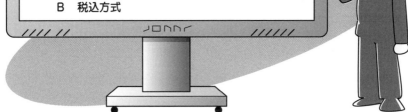

・消費税の計算方法には，原則課税方式と簡易課税方式があること。
・原則課税方式と簡易課税方式の計算手順を理解していること。
・消費税の税率には標準税率と軽減税率があること。
・原則課税方式の場合の各取引に関する消費税の区分を次のように分けて入力しなければならないこと。
　　　A　課税売上
　　　B　非課税売上
　　　C　課税売上対応課税仕入
　　　D　非課税売上対応課税仕入
　　　E　共通仕入
　　　F　不課税
・消費税の財務諸表への反映の方法として以下の2つがあること。
　　　A　税抜方式
　　　B　税込方式

内容がわかる程度の知識です。

　私の事務所では未経験者の人にも頑張ってもらっていますが，上記の部分は自分で勉強しておかなければなりません。

正直に言えば，簿記論，財務諸表論合格後が無理のないタイミング

　最近はこの業界もビジネスエリアがどんどん広がり，各事務所ともスタッフの採用意欲が旺盛です。したがって，募集条件も従来であれば合格科目が3科目以上という事務所が多かったのですが，最近は1科目以上とか，未経験でも可という事務所も増えています。

　ただし，そういう事務所側の人材確保のニーズから離れて，どのタイミングが一番無理なく確実にゴールまで行けるかを考えると，やはり簿記論および財務諸表論の会計2科目がクリアできている段階で，かつ法人税法か消費税法のいずれか1科目について本試験レベルまで勉強ができている段階かなと思います。この段階まで来ていると，税法科目の勉強に専念できます。

　私たち会計事務所の仕事では，会計知識は常識の部分であり，その会計知識を土台に税法知識を組み合わせて，お客様に役立つサービスを提供していくイメージです。ですから，入所の時に土台がある人と，入所後も土台作りに時間をかけなくてはならない人では，仕事の内容は異なってきますし，同じ時間を過ごしてもその後の伸びに差が出てきます。もちろん，だからといって合格科目がないか少ない場合で就職しても絶対無理，というわけではないのですが，もし合格科目なしで入所する場合にお伝えしておきたいのは，焦らずに，今与えられた仕事を着実にこなしながら進んでほしいということです。

　会計科目をクリアするまでは，補助的な業務が多くなると思いますが，お客様の大事な経理や財産の計算をするわけですから，それは当然の道のりですし，先輩も皆その道を通ってきているのですから，割り切って今自分にできることのレベルを上げる方向で努力すればいいんだと思ってください。

　たとえば，入力業務1つ取ってみても，改善，改良する箇所は山ほどあると思います。自分がやってみて非効率だと思うことをリストアップして，その改善に取り組めば，生産性が向上し，自分で経験できる業務も増えて，実力をアップさせるスピードを早めることができます。ただ，一生懸命改善努力して事務所の効率化に貢献しても，それが自分の評価につながらないのであれば，ちょっと腐ってしまいますよね。

　私の事務所では，月に1回「効率化委員会」を開いて，自分たちで創意工夫した内容を発表したり，事務所全体で取り組むべき項目を発表して，効率化，生産性向上に取り組んでいます。この委員会は，効率化のために努力している人をきちんと評価して，事務所全体の生産効率を向上させ，残業のない職場環境を作っていこうという趣旨で行っています。帰りやすい環境であれば，自

分たちの私生活での予定も立てやすくなり，生活が豊かになりますから，みんな積極的に動いてくれています。

5科目官報合格してから就職という選択はどうか

未知識，未経験で頑張るのとは逆で，5科目官報合格後に就職活動を始めるという選択はどうなのでしょうか。

悪くはないのですが，もったいないと思います。というのも，実務で必要とされる知識は税理士試験で勉強する知識よりずっと広く，かつ，毎年多くの改正が行われていて，とても早く変わっていきます。つまり，2年もすると税務の取扱いがすっかり様変わりしていることも珍しいことではないのです。ですから，せっかく5科目全部を合格しても，数年前の知識では既に陳腐化していたり，受験科目以外の税法の改正に触れることができないなどデメリットも目立ちます。

採用条件においても，合格科目数だけでなく，会計事務所での実務経験の長さも検討の対象となります。また採用された職場においても，実務経験がないと，最初のうちはどうしても基礎的な単純業務を覚えてもらう時間が必要となります。

石橋を叩いて渡る方法なので，5科目官報合格後の就職でももちろんOKなのですが，最近の税制改正のスピードを考えると，やはり3科目合格ぐらいで実務の現場に飛び込んでくるほうがベターかなと思います。

8月就職がいいか12月就職がいいか

会計事務所への就職のタイミングは，8月と12月です。一般企業にお勤めの人は，意外に思うかもしれませんが，税理士試験の受験が前提となっているので，8月の本試験終了後か，12月の税理士試験の合格発表後が受験生としても，最も動きやすいタイミングなのです。

大手受験予備校もこのタイミングで就職説明会を開催しており，私の事務所でも毎年ブースを出して多くの受験生とお会いしています。

　では，この8月と12月の2回のタイミングでは，なにか違いがあるのでしょうか。

　これには，会計事務所特有の年間サイクルが関係してきます。会計事務所の繁忙期は，12月から5月までです。12月の年末調整業務，1月の住民税，償却資産税申告，2月からの個人の確定申告，5月の3月決算法人の申告まで，かなりの繁忙期となります。

　したがって，12月に就職する場合には，いきなりこの繁忙期に入所となるため，未経験の場合には，先輩たちも忙しいので，ゆっくり教わる時間が取りにくくなります。また納期が決まっている仕事が多いため，残業もどうしても多くなるので，仕事と勉強を両立させるのも大変な時期となります。

　一方8月の場合には，繁忙期前に入所できるので，9月から12月までは比較的じっくりと実務を覚える時間を確保できます。ですから，一般的に8月と12月のどちらがいいかといえば，8月に就職したほうがベターといえると思います。

　ただし，仕事と勉強を両立させて毎年結果を出してきている受験生スタッフに聞いてみると，12月就職も検討の価値ありのようです。

　特に，所得税法，法人税法等の大科目の場合，9月から12月までで基礎的な部分を1回転させておいて，翌年1月から応用的な部分を中心に2回転目に入っていくカリキュラムが主流になっています。このサイクルと就職を考えると，12月まで勉強に集中して専門学校に通い，1回転終えたところで12月に就職というプランも考えられます。8月に就職しても，最初は実務を覚えるのに大変で，勉強もままならぬ日が多くなる可能性もあります。やっと実務に慣れてきて，勉強との両立を図れる態勢が整うくらいで，年明けからの繁忙期に突入してしまう可能性もあるわけで，なるほど，1月以降の繁忙期対策としては，これも検討の価値があるやり方だと思います。

　ただし，いずれの場合でも，就職した後に規則的に勉強するサイクルを確立することが絶対必要です。要はどんな環境でも勉強を継続して目標を達成するぞ！　という強い志望動機を維持できるかにかかっています。

新人が行う仕事ってどんな仕事？

　事務所に入って新人が行う仕事ってどんな感じなのでしょう。これも未経験者の場合気になるところです。会計事務所の場合，試験勉強の進み具合に個人差があるので，おのずとお願いする仕事の中身も少しずつ異なってきますが，私の事務所の場合にはだいたい次のような感じです。

入社日〜入社1カ月

A　始業時の事務所準備作業を覚える

　会計事務所は，数多くの電子機器を使って仕事をするので，新人さんはまず事務所のサーバーやコンピュータ，その他の電子機器の立ち上げ，メールのチェック，コンピュータのアラームメッセージ等の確認などの手順を覚えてもらいます。

B　電話の応対業務

　事務所には毎日ひっきりなしに電話がかかってきます。クライアントの名前を覚えてもらうためにも，まず電話に積極的に出てもらいます。聞き慣れない名前も多いので，最初のうちは面食らうこともありますが，すぐに慣れます。「明るく，元気良く，はきはき」した電話応対を心がけることが重要です。電話の応対1つで事務所の印象が大きく変わるので，おろそかにしてはいけません。

C　会計データ入力準備作業

　特に，飲食業等のクライアントに多いのですが，経費の領収書が束になって月ごとの袋に入っていることがあります。これらの領収書から会計データを起こすときは，いったん領収書等を月ごとに糊付けして台紙に貼る作業があります。

　これも新人さんにお願いすることが多い作業です。とても地道な作業ですし，

「こんな作業をするために私は難しい税理士試験の勉強をしているわけではないぞ」と感じる人もいるかもしれません。しかし，中小企業のクライアントは，多くの場合間接部門に経費を充てる余裕がないわけで，我々が請け負うことで会社にメリットがある場合には，アウトソーシング系の業務としてお引き受けする必要があることを理解しましょう。

D　会計データ入力作業

　これは会計ソフトを使って行っていきます。預金通帳や，請求書，経費の振込依頼書等の原始資料から会計データを起こしていきます。

　最初は金額の打ち間違いなどもあり，なかなか預金通帳の残高が合わないケースも出てきて，修正に手間取ることも多いと思います。

　仕訳の入力時に消費税のコードも合わせて入力していきますので，基本的な入力方法を先輩やリーダーの社員に教わりながら，入力作業に慣れてもらいます。

E　物品発注業務

　10人規模の会計事務所の場合，消耗品，書籍などの物品の発注は，手の空いた人が率先して行います。したがって，これも新人が覚えるべき業務の1つです。

入社3カ月～

A　決算業務のサポート

　会社は毎期決算を組んで，原則2カ月以内に税務署等への申告書の提出と納税を完了しなければなりません。この決算作業はいくつかのステップに分解することができますので，リーダー等の指示により決算作業の一部サポートを行います。具体的には，科目内訳書等の作成を行って，決算作業の流れの一部を経験していきます。

B　給与計算業務

　クライアントの中には，マンパワーを節約するために，給与計算業務をアウトソーシングする会社もあります。給与計算業務の特徴は以下のとおりです。

（ア）　どの会社でもほとんど同じタイミングで給与計算が行われ，作業時期が集中するため，効率的な業務の仕方を覚える必要がある。

（イ）　年の中途で社会保険料が改定されたり，入退社があった場合に，これらの項目に関して変更漏れがないようチェックを行っていく。

C　クライアントの担当者となる

　入社して3ヵ月ぐらい経つと，毎月行うべき作業や，決算作業などもある程度把握できるようになってきます。この段階で，比較的小規模なクライアントの担当者となってもらうことも多くなってきます。

　自分と経営者を比較すると，自分のほうがはるかに未熟者ですから，会社の経営者ときちんと話ができるかどうか不安になる人も多くいらっしゃるでしょう。でも，皆さんが真剣に応対すれば，その気持ちは必ず伝わるはずですし，事務所としてもサポートしていきますので，何事も経験という気持ちで頑張ってもらっています。

　自分で担当するクライアントができると，大きく伸びる人がいます。これは，クライアントからのさまざまな質問やリクエストが直接自分のところに来るようになり，自分なりに回答を調べたり，悩んだりする経験が増えるからだと思います。

　そのうちに，自分でクライアントの所へ出向いて，月次資料を説明することも多くなりますが，これは難しい資料の内容を平易に説明するとても良い訓練となります。

　「どのような表現を使えば，クライアントの方に，正確にかつ平易に伝えることができるのだろう」というチャレンジを大いにしてもらいたいと思っています。

D　大きなクライアントの経営会議資料作成のサポート

　規模が大きいクライアントの場合には，毎月取締役会や経営幹部会で，前月の実績や今後の業績見込みについて報告や検討をしているところが多いのですが，この会議資料作成のサポートをお願いすることも多くあります。

　この作業も，会社がだんだん大きくなって，いわゆる企業としての形をなし

てきた時は，毎月どんな経営資料を作成しているのか，またそれらの資料はどのように作成するかを勉強する良い機会となります。

　また，これらの経営資料の作成で得たノウハウは，他の管理体制の構築が不確かな，主として中小企業へのアドバイスとして役立てていくことも可能なわけですから，これも勉強となるはずです。

 ## 新人の時に気をつけたいこと

与えられた仕事を最大限効率的にこなすこと

　未経験で就職する場合には，仕事全体の流れがわかりませんから，自分が今どんな仕事をしているのかわからないことが多いと思います。また自分の勉強してきた知識も限られていますから，いろいろな部分で疑問に思ったり，わからなかったりするはずです。

　でも，それはそれで良しとしてください。仕事を与える側でもそれは承知のうえですから，新人の時は，与えられた仕事を指示どおりに確実に，かつ効率的に仕上げることに集中してください。仕事は段階を追ってレベルアップしていきます。会計事務所の仕事は，1人で行う部分も多くありますが，仕事のレベルごとに分業して仕上げる体制をとることも多くあります。分業の場合には，1人ひとりが自分の持ち時間の中で確実に作業していくことが求められます。

質問をしすぎない

　仕事は勉強とは違います。勉強の場合には，疑問点やわからないところは，その時に徹底して学習しておかなければなりません。しかし，新人の仕事は他の先輩の仕事の一部を切り出して，分業して行うものがほとんどです。もしその仕事について疑問がある場合には，どのように対応したら良いでしょうか。もちろん指示された内容が不明確であったり，作業の進め方がわからない時は，

遠慮せずに確認しなければなりません。ここで注意したいのは，その確認や質問は，今自分が与えられた作業に直接関係する部分にとどめる配慮が必要だということです。よく見受けられるのが，その仕事以外の質問，たとえば，「仮に，こういうケースの場合にはどうでしょうか？」とか「この作業の全体の仕組みはどうなっているのでしょうか？」など，いろいろなケースを想定して，疑問点を質問する人がいますが，これを始めると分業体制が滞ってしまい，全体の作業が遅くなってしまいます。実力がつけば自然に解決することが大部分ですから，新人の時は，焦らずに与えられた仕事の作業効率を上げることに集中することが大切です。

④ 事務所選びのポイント

　数多くある事務所から，自分に合った事務所を選ぶのは大変かと思います。何にウエイトを置いて事務所選びをするかは人によって違うので，絶対という物差しはないのですが，次のような点に注意して事務所選びを進めていけばよいのかなと思います。

　皆さんにはぜひ良い事務所と出会い，将来税理士として大きく伸びていっていただき，皆さんとともにこの業界を発展させていきたいと考えています。

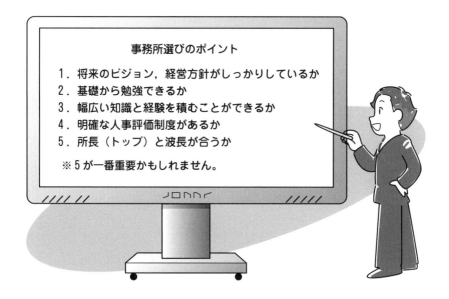

事務所選びのポイント

1. 将来のビジョン，経営方針がしっかりしているか
2. 基礎から勉強できるか
3. 幅広い知識と経験を積むことができるか
4. 明確な人事評価制度があるか
5. 所長（トップ）と波長が合うか

※5が一番重要かもしれません。

将来のビジョン，経営方針がしっかりしているかどうか

　事務所に勤務するということは，1つの組織に属して，その組織が掲げる1つの方向に向かって時間を共有するということです。つまり，その組織と価値観を共有することになりますので，どのような価値観で事務所を運営している

のか，将来この組織はどこへ向かおうとしているのかというビジョンが明確に伝わってくる事務所を選ぶことが重要になります。

そして，そのビジョンが具体的であり，共感できるかがポイントになると思います。

基礎からしっかり勉強できるかどうか

誰でも最初は未経験者です。もちろん，経験者ばかりを採用していけば，組織としては教育研修にかける時間を節約できますから好都合だと思いますが，逆にゼロから人を育てようという意識が低い組織になってしまうことも考えられます。

未経験の人を育てるには，それなりの労力が必要になりますから，未経験者を多く採用している事務所は，人を育てよう，人を大切にしようという意識の強い事務所が多いように思います。

やはり，最初に基本的な業務をしっかり経験できることが，のちのち大きな差となってきますので，未経験者を歓迎し，かつ教育研修制度がきちんと整備されている事務所のポイントは高くなります。

私の事務所でも，毎月1回月初に税法別に分かれたグループ発表形式での勉強会を行ったり，他の士業の方との合同勉強会を行うなど，事務所の専門能力向上のための研修を積極的に行うようにしています。

幅広い知識と経験を積むことができるかどうか

これだけ多くの制度改正や新設が続くと，税務や会計の分野もかなり幅が広くなり，すべての業務を確実に行う体制を維持することが難しくなってきます。

つまり，分業体制を敷いてサービスレベルを維持できる規模を確保する，ある分野に特化して業務を行う，あるいは基本的な業務に集中して特殊な税務については業務として取り扱わないようにする，強弱の違いはあるにせよ，いずれかの方法により事務所を運営していくことになっていくと思われます。

勤める側からしますと，どのタイプの事務所が良いのだろうと悩むところで

す。どのタイプも一長一短があります。ただ，どんなタイプの事務所の場合で
あっても，常に真剣に知識を吸収しようと前向きに努力する人であれば，必ず
貴重な経験を積むことができるはずなので，そんなに心配はいらないと思い
ます。

　もし未経験で，かつ基本的なところからしっかりと経験し，さらに幅広い業
務も経験していきたいと考えるとしたら，中規模以上の比較的若い事務所で，
何かに特化するのではなく基本的な業務を中心に，いろいろなサービスの提供
を検討している事務所が良いのではないかなと思います。

明確な人事評価制度を持っているかどうか

　この業界は実力本位の世界です。年齢や勤続年数ではなく，その人の専門知
識や事務処理能力等で，その人の職制や給与が決定されることが多いです。

　したがって，自分が頑張って能力を向上させた場合に，そのスキルアップを
公正に評価される制度を考えている事務所なのかどうかも，皆さんの仕事に対
するモチベーションの向上に重要な要素となってくると思います。

　特に，今後は，労働生産性の向上が重要なポイントとなってくると思います。
これは，効率的に業務を行っている人，そのための工夫をしている人を積極的
に評価する仕組みがないと，誰も取り組まないと思います。昔ながらの夜遅く
まで残業している人が評価されるような組織では，労働生産性の向上は望めま
せん。

所長との波長は合うか

　企業は人なりといいます。特に会計事務所は，その所長の仕事ぶり，仕事へ
の取り組み方，部下への指示の仕方，具体的な経営ビジョンの実践能力等によ
り，ずいぶんと事務所の雰囲気や，今後の事務所の成長の仕方が変わってくる
と思います。

　実際に面接で会ってみて，なんとなく気心が通じ合いそうだなという直感に
頼る部分と，その会計事務所等のホームページ等で公表されている所長のプロ

フィールやインタビュー記事を読んだ印象などにより，お互いに相性を判断してみてください。

 将来のキャリアプランについて

石の上にも3年

　いったん会計事務所に就職しても，何回も転職を繰り返す人がいます。転職の理由はさまざまかと思いますが，石の上にも3年といいます。皆さん自身も完璧な人間でないように，完璧な組織，事務所はありません。どんな組織でも一長一短があるわけで，要は気持ちの持ちようだと思います。就職した会計事務所の長所は吸収し，短所は反面教師の材料とするような気持ちを持っていれば，何事も皆さんの貴重な経験の糧となっていくはずです。

　この長所や短所をしっかり経験し吸収するには，やはり一定の時間が必要です。石の上にも3年とはよく言ったもので，1年や半年では，その組織，仕事の表面的な部分にしか接することができないので，自分の将来に役立つような経験を積むことがなかなかできません。したがって，どんな組織に属しても，3年は頑張ってみる気構えが必要だと思います。

企業内税理士を目指す

　ここ数年，企業の国際競争力の維持，会計制度の国際化，企業の再生などのニーズを背景に，連結会計，合併分割などの企業組織再編，ファンド，信託などの集団投資スキーム，ストックオプションなどのインセンティブ制度といったさまざまな制度が考案され，活用が進んでいます。

　大企業では，これらの経営ツールを駆使してグループ全体の経営効率を高めようとしています。企業内税理士とは，企業内において，実際にこれらの経営ツールを企画立案していくポジションとして認知されてきているもので，税

務＆会計専門のチームを組織してグループ全体の効率向上のために活動します。

　通常会計事務所ですと，多くの企業を同時に担当しなければならないので，どうしても1社に割ける時間が限られ，じっくり時間をかけてさまざまなスキームを検討したり研究する時間が確保できないことが多いわけですが，企業内税理士の場合，自社グループにとってのベストな方法をさまざまな角度から具体的に検討することができるため，その分野について非常に深い知識や具体的な実務経験を積むことができるというメリットがあります。

　もう1つ知っておいてほしいことは，法人に関する税制の多くが，企業からの具体的な働きかけにより検討され，導入されているという事実です。合併，分割などの企業組織再編スキームもまさに企業側からのニーズにより導入されたものです。これらの企業側のニーズを具体的な税制改正につなげていく役割は，主として経団連（経済団体連合会）をはじめとする経済団体が担っています。この経済団体は大企業を中心とした企業の集まりです。したがって，これらの大企業の企業内税理士として，税制改正をリードしていくポジションで活躍することも可能です。

　企業内税理士としての活動フィールドは，大企業だけでなく，その知識と経

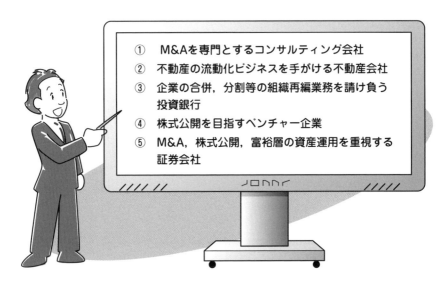

① 　M&Aを専門とするコンサルティング会社
② 　不動産の流動化ビジネスを手がける不動産会社
③ 　企業の合併，分割等の組織再編業務を請け負う
　　投資銀行
④ 　株式公開を目指すベンチャー企業
⑤ 　M&A，株式公開，富裕層の資産運用を重視する
　　証券会社

験を必要としている所であれば，さまざまな分野で考えられます。たとえば，以下のような企業で，税理士の知識と経験を活かせると思います。

会計事務所でのステップアップを考える

今後，このキャリアプランが基本になるかもしれません。税理士業界は，今まで所長1人に事務員2人くらいの規模の所が多く，10人くらいの事務所であれば中規模の事務所というのが一般的でしたが，会計制度，税制の改正が相次ぎ，かつ制度がどんどん複雑化している現状では，もはや税理士1人では正確なサービスの提供が難しくなってきています。したがって，オールラウンドなサービスの提供を維持しようとすれば，複数の税理士が共同して実務に当たる体制を構築していくことが不可欠になっています。

つまり，税理士業界は，今後一定以上の規模が必要な業界となってきています。この動きは今後ますます顕著になってくると思います。つまり，1人で独立開業して何とかなる業界ではなくなってきているわけです。

そうすると，いろいろな知識や経験を積んだうえで，これをさらにステップアップさせていく環境としては，オールラウンドな専門サービスを維持することを経営目標とし，そのための組織作りを意識的に行っている事務所へ就職することが必要となってきます。

また，その事務所での将来像がはっきり見えるかどうかも大切な判断ポイントかと思います。

したがって，今後は，ある程度の規模と組織を有した会計事務所において，より専門的で高度な税務，会計サービスを身につけ提供していくことにより，自身のステップアップも図っていくというのが，税理士の最も一般的なキャリアプランになってくると思います。

私の事務所でも，自分の実力の向上とともに，事務所内でのポジションが上がり，最終的にはパートナー税理士のポジションが得られるような仕組みを目指しています。

独立開業にチャレンジする

　もちろん，従来のように1人で独立開業することも可能だと思います。ただし，前述のとおり，今後は企業家精神をしっかり持った人でないと，なかなか事務所経営が難しくなると思います。といっても，それは市場経済の下では至極当たり前のことですから，「そんなことは百も承知だし，自分がやったほうがはるかに良いサービスを競争力のある形で提供できる！」と思う人であれば，迷わず，というより「わくわく」して独立開業されるのだと思いますし，今後そういう人がどんどん出てくるはずです。

　どの業界でも，時代の風雲児のように，あり余る経営能力とアイデアで，その市場を席巻する人が出てきます。税理士業界もいよいよ本格的な市場競争の時代に突入してきているのだと思います。

　この動きは，医療業界の動きとよく似ています。医師も国家試験をパスすると，内科，外科，整形外科など，どんな医者にもなることができますが，すべての看板を掲げている人はいません。また，昔は近所のお医者さんにかかることが多かったわけですが，最近は大きな病院にかかる人が増えています。医療

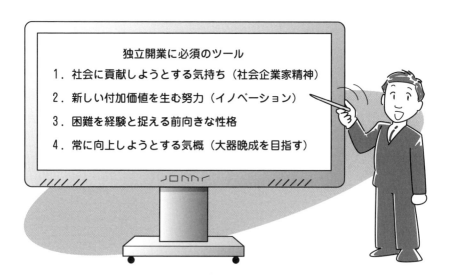

独立開業に必須のツール
1. 社会に貢献しようとする気持ち（社会企業家精神）
2. 新しい付加価値を生む努力（イノベーション）
3. 困難を経験と捉える前向きな性格
4. 常に向上しようとする気概（大器晩成を目指す）

技術が進歩し，またどんどん高度化していったために，小さな町のお医者さんが提供できるサービスと大規模な総合病院が提供できるサービスとの2極分化がはっきり進んでいます。

では，赤ひげ先生のように，独立して損得抜きで困っている人を助けたいという開業医は無理なのでしょうか。

そんなことはないと思います。というより，税理士になりたいという人の多くが，人の役に立ちたいという純粋な動機を持っている人だと思います。ただし，税理士として独立して社員を雇用し，皆の幸せを実現していこうとするには，損得抜きでやってあげたいという気持ちと，ビジネスベースの判断との間で悩みながら，クライアントの方々と誠実に向かい合っていく，これが私たちの仕事なのだと思います。

成功する経営者に必要な資質とは？

　税理士として仕事をしていますと，数多くの経営者と接することになります。その中には，会社を確実に大きくしていく経営者の方もいらっしゃれば，残念ながら業績不振となってしまう方もおられます。ここでは，どこにその差があるのかを考えてみたいと思います。

1　成功する経営者はすべてを前向きに考える人が多い

　どんな会社でも良い時期もあれば，悪い時期もあります。しかし，成功する経営者の方々を見ていますと，困難な時期であってもあまり動じません。

　その理由は，「今の困難を困難として捉えるのではなく，むしろ貴重な経験として捉える」考え方をされているのだと思います。「こんなに厳しい状況は滅多に経験できないぞ。これを乗り切れれば，当社はすごく強い会社になれるぞ！」と考えているのだと思います。私は，よく創業セミナーで「経営者は，Sの性格とMの性格とどちらが成功すると思う？」と質問します。「答えは，Mの性格の人なんですよ。どんな困難なことでも，ああこれはいい経験だなぁと思って，それを自分のノウハウにしてしまう人。こういう人が強い経営者なんです」と話をします。

2　成功する経営者は謙虚な方が多い

　成功する経営者は，バイタリティがあって，リーダーシップのある人というイメージがあるかと思います。こういう方々は，人の話は聞かないで自分の考えを押し通す人が多いように思えますが，全く逆で，実に謙虚に人の話を聞かれる人が多いです。その謙虚さは，何か困難な事が起こった場合でも同じで，世の中や周りのせいにするのではなく，すべて自分の責任として正面から受け止める方が多いです。その潔さと度量の深さが本当のリーダーシップにつながっているのだと思います。

第6章

独立開業税理士に
なるには？

　前の章で，将来のキャリアプランとして独立開業
も1つの大きな選択肢だと申し上げました。皆さん
の中にも将来は独立して頑張ろうと考えている人も
多いかと思います。

　ここでは，この独立開業に関することをお話しし
たいと思います。

1 どんな人が向いているか

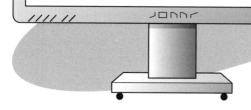

独立開業税理士に向いている人

1. 独立したい動機が具体的で強い人
2. 税理士の仕事が本当に好きな人
3. 人に興味のある人
4. 謙虚な人
5. 冷静な人
6. 楽天的な人

※絶対やりとげるという強い志が必要ですが，同時に，独立ってどんな感じだろうという好気心も大事です。

独立したいという動機が具体的でかつ非常に強い人

なぜ独立したいのか，この動機がしっかりしていることがまず一番大事だと思います。また，この動機が，1日や2日で決めたものでなく，今までの人生経験の中で徐々に固まってきたものであることが大切です。

私の場合には，中小企業向けの政府系金融機関での経験が原体験となっています。私が就職したのは昭和60年4月ですが，この頃はバブルが始まる前でまだ景気が良くない頃でした。最初に配属された部署は債権管理部門で，融資を受けた資金を約束通り返済できない人と交渉して資金の回収を図る部署です。

ここで，資金繰りに窮してしまった企業の再建の難しさ，倒産企業の現実，

連帯保証人の方々の驚き，悩みなど多くの現実を見てきました。ご高齢になりながら，毎月なけなしのお金を返済している債務者の方の姿が今でも目に焼きついています（返済金を回収にいくと，今月もちゃんとお金作ったわよといって，必ずお鍋でミルクを温めてホットミルクを出してくれていたことが思い出されます）。そのような経験を多く積む中で，融資という単発のサポートではなくて，中小企業を永くしっかりとサポートしていきたい，中小企業の経営を守っていきたいという願いが生まれ，税理士として独立を志す強い動機となっています。

　動機は，人によって違うはずです。しかし，この動機の強さが独立の成否を決める大きな要素となると思います。

税理士の仕事が本当に好きな人

　「好きこそ物の上手なれ」ということわざがあるように，税理士の仕事そのものが本当に好きかどうかも，独立した後の頑張りに差が出てくるポイントだと思います。本当に好きなことであれば，業務時間中だけでなく四六時中仕事の事を考えられるはずです。皆さんも，自分の大好きなことであれば，食事の時でも，寝ている間でも考えて苦にならないでしょう？　この四六時中思いをめぐらすことができるか否かが，その仕事が本当に好きかどうかの1つのバロメーターになると思います。

　特に，独立開業すると9時から5時までという決まった時間で仕事が片付くことは絶対にありません。むしろ，24時間すべて仕事モードが当たり前となり，この仕事が本当に好きでないとやっていけません（もちろん好きな場合には，全然大丈夫なのですが）。

人に興味のある人

　税理士が相手にするのは，企業であれ，個人事業主であれ，資産家の人であれ，基本的にすべて人です。そして，この人たちから悩みや希望，計画等をお聞きしてその解決や達成のために智恵をしぼっていくのが仕事です。そのため

には，まず，その方々の考え方，人生観や価値観をお聞きすることから始めることが大切です。

自分にとってベストだとしても，他の人にとっては全然解決になっていないことも多くあります。

いろいろな価値観や考え方があることを認め，それを理解しようとし，相手の立場に立って解決策を探っていくことが大切です。

相手の方の気持ちを深く理解しなければ，正解が見つからない仕事ともいえます。

とても人間臭い仕事ですし，正解が１つではないという難しさもあります。だからこそ，やりがいがあって面白い仕事だなあと私は思っています。

謙虚な人

誰でも新しい場所や環境に入ったときは，最初は謙虚な気持ちで物事を進めていくはずです。しかし，数カ月経つと中身もわかり，だんだん気持ちが緩んで謙虚さが影を潜めてしまうということはないでしょうか。

既にお亡くなりになりましたが，私の尊敬する経営者の１人に，ご高齢にもかかわらず，非常に謙虚な方がいらっしゃいました。私よりはるかに人生の先輩なのですが，私と会う時は常に熱心に耳を傾け，何か１つでも参考にすべきことがあればすぐにメモをとって吸収しようとされておられました。そのような謙虚で無垢な姿勢で接していただくと，こちらも襟を正してお会いしなければという気持ちに自然とさせられました。

何事もこれで完全ということはないと思います。常に自分を謙虚な位置に置き，精進していく。この心がけがとても大切だと思っていますし，何歳になっても同じ気持ちで謙虚に生きていければと思っています。

冷静な人

人には誰でも喜怒哀楽があります。ただし経営を行っていくには冷静さが求められる場面が多くあります。

今の時代，多くの情報が飛び交っています。その中から自分にとって本当に必要な情報を見極めていかなければなりません。

独立のことを考えていると，「勝負しない人生で幸せか」「失敗を恐れずにまずは挑戦」「リスクを取ったからこそ今の生活がある」など，起業家のはなばなしい成功談が気になり始めます。そして，そういう本を手にとっているうちに，自分のテンションも上がって，「よし，私も今の日常を打開して，新しい人生にチャレンジしてみよう」とか「未知の世界を早く体験してみたい」という高揚した気持ちになることがあるかもしれません。でも，こういう段階での独立は危険だと思います。むしろ，独立を志すときは，「やっと機が熟したな」「やるだけの準備はやった。あとは大きな船が動き出すようにゆっくりと志したことに向けて事をすすめていこう」くらいの気持ちになれるまで，準備を重ねることも重要だと思います。

先ほど述べたように，私も，政府系金融機関で中小企業の方に融資をしながら，資金繰りに苦しんだり，四苦八苦している方々と多く出会い，この人たちをもっとしっかりサポートする仕事がしたいと思って，働きながら資格試験の勉強を始めました。それから独立の日を迎えるまで 10 年の歳月が流れていました。

ですから，独立する時も「やるだけのことはやった。後は人事を尽くして天命を待とう」という冷静な気持ちで臨んでいました。

一時の気持ちや情報に流されない冷静さをもっていることも，独立に必要な資質の 1 つだと思います。

楽天的な人

事務所の経営をしているといろいろな経営上の悩みと向き合うことになります。ここは一般の会社の経営者と同じです。経営上の悩みは経営者が自分の判断で解決していかなければなりません。どんな経営者でも判断に迷ったり不安になったりします。

経営者に求められる資質の 1 つに，過去のことを引きずらず切替が早いこと

が挙げられると思います。たとえ経営上の判断ミスがあっても，そのミス自体に影響されることなく，適切な打開策を打つことが大切だからです。この切替は楽天的な人の方が早いと思います。もちろん楽天的とおおざっぱとは紙一重かもしれません。ここでいう楽天的とは，過去のことにいつまでもこだわっているのではなく，そのことを謙虚に受け止め自分の経験にしながら，その経験を次に活かしていけることだと考えています。

　私も気持ちの切替は早いほうだと思います。一晩寝れば，大抵の悩みは軽減されます。仮に一晩寝ても直らない時は，これはちょっと深刻かなと受け止めつつ，もう一晩寝てみます。

 ## 独立開業までに準備しておくべきこと

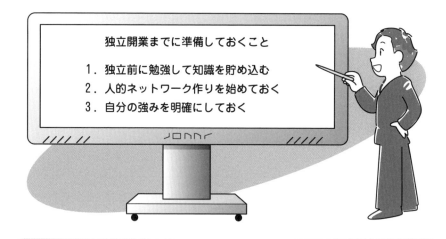

独立前が勉強できる最後のチャンス

　独立開業した直後はスタッフゼロですから，すべてのことを全部自分でやっていかなければなりません。しばらくの間，新規クライアント開拓のための営業活動と，クライアントになっていただいた方に対するサービスの提供に全精

力を傾けることになります。その他，備品の購入，郵便物の整理，切手の購入，書類の発送，電話応対などの庶務業務も多くあり，あっという間に1日が過ぎていきます。

つまり，勉強をする時間がほとんど取れなくなります。もちろん，ゆっくり勉強したいのですが，生活がかかっているので，最初の頃はどうしてもお金がいただける実務に時間を充てざるを得ません。

私も，独立直後しばらくの間，早く経営を軌道に乗せて，勉強時間が取れるようにしなければ！　というのが一番の願いでした。特に，最近のように税法だけでなく，各種法令の改正が毎月のように続いている時代は，なおさらプレッシャーを感じると思います。

ですから，独立前はしっかり勉強できる最後のチャンスだと思って，知識を貯め込んでください。

ネットワーク作りを始めておく

税理士の仕事は，最初は友人，知人，先輩等からの紹介によるものがほとんどです。ですから，いかに多くの人に独立開業を知ってもらうかがポイントとなります。ただ，ネットワークというものは，一朝一夕にできるものではありません。知り合ってから，ある程度私という人間を知っていただく時間がまず必要です。そしてその間に信頼してもらって初めて紹介していただけるスタート地点に立てるわけです。

ですから，独立する前からいろいろな会合に顔を出したり，勉強会に参加し始めておくと良いと思います。

私も，独立の意思を固めてから，ファイナンシャルプランナーの学校に通って資格を取ったり，そこで知り合った人たちと勉強会を立ち上げたりして，ネットワークを少しずつ広げていきました。

このネットワーク作りで注意したいのは，何かの利益を得ようとしていては何の実りもないことです。自分を知っていただき，信頼に足る人間かどうかを判断してもらうわけですから，アウトプットに専念し判断を仰ぐことが基本的

なルールです。そして，長続きするためには，自分もそこで楽しめないといけないと思います。

自分の強みを明確にしておく

　ネットワーク作りを始めると，自分を紹介する機会が増えます。自分の強み，セールスポイントを簡潔に人に伝えるのは難しいことです。あまり自信過剰になってはダメですし，かといって遠慮しすぎると自信のない人に見られてしまいます。

　自分の強みやセールスポイントを整理するには，一度自分の生き方を振り返って，じっくり考える必要があります。

　自分の強みや売りを明確にする作業を始めると，次のようなことに気がつくと思います。

・自分の強み，売りを自分自身が理解，整理することにより，どのようにお客様にアピールしていけばよいかを明確にできる。つまり，これからの営業の方法を具体的にイメージできるようになります。

・自分の友人たちが私という人を売り込みやすくするには，どうしたらよいかを常に考えるようになります。

　自分の強みや売りを友人等にわかりやすく伝えておかなければ，いざその友人たちが，せっかく私を紹介しようにも，「で，その先生は何が得意なの？」とか「どんなところが他の先生と違うの？」と聞かれて，「……」と余計な気を使わせてしまうこととになります。これでは，とても紹介などは望めません。

私の独立開業ストーリー

クライアントゼロからの出発

私が独立開業したのは，平成11年（1999年）9月1日でした。年齢38歳。税理士の勉強を白紙の状態から始めて約10年たった時です。大学卒業後，中小企業融資を専門とする政府系金融機関（現在の日本政策金融公庫）に勤め，融資業務の中で税理士という仕事に出会いました。会社勤めをしながら勉強し，簿記論，財務諸表論に合格し，法人税法の勉強を終え，本試験を受けた後の9月に，8年間勤めた会社を退職して従業員十数名の会計事務所に転職しました。その後勤務しながら3科目を取り終え，6年間の会計事務所勤務を終えてからクライアントゼロでの独立でした。

会計事務所からの独立にあたっての礼儀

多くの人の場合，会計事務所での勤務経験を経てから独立します。この独立というのは普通の退職とは違います。普通の退職は，次の事務所や一般企業等への転職を意味していると思いますが，税理士として独立するということは，同じ独立税理士という仲間として，同じ業界で今後もお付き合いをしていくことを意味しています。

しかも，独立するということは，相当の実力を身につけていることを意味します。現在の事務所にとっては，大きな戦力が抜けるため，事務所の経営への影響も大きくなります。

したがって，税理士事務所に勤務している人が独立開業のために退職する意思を固めたら，できるだけ早くその時期を所長に伝えることをお勧めします。

私の場合には，最初から会計事務所に6年勤務してから独立しようと決めており，入所の際にも「最低6年はいてくれないと困るよ」と言われていました

ので，6年後に必ず独立すると決めていました。そこで，入所後4年が経過した段階，つまり退職予定日の2年前に所長に退職の意思を伝え，担当の組み替えや新しい人の手配の時間を確保できるように配慮しました。もちろん私のように2年も前に伝える必要はないでしょうが，独立の意思は少なくとも1年くらい前に所長へお伝えするのが，立つ鳥跡を濁さずの配慮かなと思います。

どこで開業するか

どこに事務所を構えるか？　これは独立開業をする際に最も重要な項目の1つです。

この事務所の場所の選択にあたっては，次のようなことを考えていました。

A　税理士は信用が第一の商売であり，お客様をきちんとお迎えする場所を
　確保したい

B　どんなビルを借りるにもお金がかかるわけなので，多少賃料が高いとこ
　ろでもきちんとしたところを借りよう

こんなことを考えながら，週末や勤務時間後の時間を使って，いろいろな物件を見て回りました。その結果，大手不動産会社が所有している港区虎ノ門の

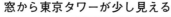

窓から東京タワーが少し見える

オフィスビルに 10 坪くらいの空き物件があることがわかり，とても良い物件であったので（賃料も保証金の金額もとても良い値段でしたが），すぐに契約することにしました。

皆さんもいずれ経験すると思いますが，10 坪という小さなスペースでも何も入れていないと結構な大きさがあるものです。何もないがらんとした部屋の窓を開けてしばらくの間，「ここからの出発だな」と気持ちを新たにしたのを思い出します。

頭から離れない当初の資金繰り

事務所を借りてしまえば固定費の大部分は固まるので，後は運転資金の心配に移ります。固定費を見積もると，だいたい月 40 万円～50 万円くらいであることがわかったので，年間で多く見て 600 万円。これに生活費を加えて 1,200 万円の売上達成が初年度の目標となりました。

税理士への顧問契約料は，年間で 50 万円から 80 万円くらいが多くなっています。そうすると，50 万円で見た場合には，24 社の顧問先の確保が目標となりました。

そうはいっても，独立当初はクライアントは全くのゼロであったので，昼休みには近くのカレー屋でお決まりのハンバーグカレーを食べながら，今後の営業戦略と資金繰りのことばかりを考えていました。

人と仕事に恵まれる

不安いっぱいの独立初年度ではありましたが，この時一番感じたことは，人というのは回りの人を本当によく見ているのだなということでした。普段あまりお付き合いがない人や，大学のゼミの先輩の方々からも，お客様を紹介していただいたり，温かい励ましをいくつもいただきました。苦しいと同時に不安な時の励ましでありましたので，人の気持ちの温かさが本当に身にしみました

このような経験は独立開業しなければできなかったわけで，これだけでも独立した甲斐があったかなと思っています。

　この時期はまだクライアントの数も限られていましたし，何よりも開業直後の新米税理士にクライアントをご紹介していただいた方の気持ちや，そしてそのような新米税理士と契約していただいたクライアントの期待に応えるために，仕事に没頭していた時期でもあります。

◇ **上場企業の M&A 研修講師を引き受ける**

　とにかくどんな仕事でも貪欲に引き受けようと動いていたときに，ある上場企業が M&A 部門を強化したいので，その研修テキストの作成と合宿研修の講師をお願いしたいという仕事が舞い込みました。

　今でこそ M&A は珍しくありませんが，その当時はやっと新興市場が整備され，これから直接金融市場が広がっていくといった時期であり，まだまだこれからという時でした。まして金融機関での企業審査経験は豊富にあるものの，独立開業直後の新米税理士としては「ちょっと私には荷が重いかな？」とも思いましたが，ハードルが高い仕事にチャレンジしていかなければ道は開けないと思い，「えいや！」の気持ちでお引き受けしました。

◇ **連日徹夜での猛勉強とテキスト作りに挑戦**

　それから 1 カ月は大量の参考文献と格闘し，連日徹夜しながらオリジナルテキストを作成していきました。その当時は企業価値評価に関する文献も少なく，いま一般的に言われるデューデリジェンス (DD) や DCF などの用語も一般的ではない時期でしたので，自分で理論構築していかなければなりませんでした。その時に作った評価モデルの説明テキストなどは今でも使えるものが多く，我ながらそれなりの水準のものができたのかなと思っています。

　また，研修自体も合宿研修で，連日朝から夜までの長時間の研修ではありましたが，生徒さんもすごく積極的な人が多かったせいで，中身の濃い研修を行うことができたと感じています。

　研修を受けた生徒さんからも，すごく気合の入った講義で面白かったなどの感想をいただき，研修を無事やり終えた時には，頑張ってチャレンジしてよか

ったなとつくづく思ったことが思い出されます。

　一生懸命に仕事と向き合い，またクライアントと向き合っていれば，良い仕事やおもしろい仕事というのは，向こうからやってくるものだと実感しています。

開業後３年間は対外的な信用が落ちる

　税理士は国家資格であり，信用を商売としているので，私は独立してもそんなに対外的評価が下がるとは思っていませんでしたが，世の中では「税理士であろうと，何であろうと，独立開業した直後は経済的に不安定だから気をつけよう！」というのが常識らしいのです。

◇デパートカードが発行してもらえない

　私があるデパートで買い物をしようと出かけていった時のことです。そのデパートでは，会員カードを作ると３％の割引で買えるというカードの募集をしていました。

　別にクレジット機能がついているわけでもなく，普通のカードです。３％の割引になるのであれば，そのカードを作ってから購入しようと，ごく軽い気持ちでカードの申込書に所定の事項を記入して郵送したのです。

　数日後，自宅のポストにデパート（カード会社だったかもしれない）から封書が届いていました。開封してみると，「誠に申し訳ありませんが，今回のお申込みはお受けすることができませんでした」などという文字が見えます。一瞬「なんのこと？」と思いましたが，要するにデパートのカードが作れなかったのです。

　確かに，「自営」「開業後１年未満」といったところにチェックをした記憶がありますが，まさか断られるとは思ってもみませんでした。

◇住宅ローンでも苦戦

　それから数年経って，今度は自宅を購入することになり，銀行に融資の申込みの相談をした時のことです。この時もまだ独立開業してから３年経っていま

せんでした。しかし，事務所の規模も順調に大きくなっており，次の年もさらに売上が増加するのは間違いなかったので，心配していなかったのですが，この時も前向きな相談にはなかなかなりませんでした。融資の担当者に事業の推移や計画を説明しても，事業資金の融資担当者と違って，住宅ローンの融資担当者が重要視しているのは，やはり「独立してまだ３年経っていらっしゃらないので」という点でした。税理士という信用も独立開業時にはあまり効かないのだなと感じたわけです。

　何行か相談すると，そのうちの１行の担当者だけが，事業計画や現在の収支状況をもとに返済力を検討し，「これなら問題ないですね」ということで住宅ローンの融資をしてくれました（この時融資してくれた実力のある担当者の方は，その後ずいぶん偉くなっています）。

　もちろん，この時の経験から，逆に向こうから融資を頼まれるくらいの信用力をつけてやろうと思ったのは言うまでもありません。

いろいろな会合に顔を出す

　開業直後はとにかくいろいろな会合に顔を出すことが大切です。私の場合も，他の士業の人が作った異業種の交流会，勉強会，ゼミの同窓会などさまざまな会合に多く顔を出しました。

　もちろん，みんな勉強など他の目的で来ているわけであり，最初からお客様を紹介してくださいなどという営業丸出しのスタンスでは，敬遠されてしまうのがオチです。

　どんな関係であっても相手に人柄や考え方を知ってもらうのが先決で，営業は二の次なのです。見返りを期待せず，むしろ自分のほうから何かを提供するくらいの気持ちでなければダメです。

　私の場合も，勉強会でその年度の税制改正などのテーマで何回か講師をしたり，自分でも純粋にその会を楽しんでいると，自然と信頼関係ができて，結果として顧問契約に至ったというケースが何件か出てくるようになりました。

口コミによりお客様が増えるかが勝負

　税理士は，人の財産や会社のお金の流れの中枢を知る立場になりますから，信用が第一の商売です。したがって，お客様は簡単に税理士に頼んだり，変更したりすることはありません。ただ，お客様の多くがきちんとした専門家サービスを受けたいと常に思っていますから，良いサービスを受けられることが確認できれば，前向きに話を聞いていただける方が多いのも事実です。

　このきちんとしたサービスを提供しているかどうかは，口コミによる評判がとても大切です。実際にその先生のサービスを受けている人の印象ほど参考になるものはありませんから。逆にあの先生はダメだなという印象を持たれてしまえば，お客様はどんどん離れていってしまいます。

　皆さんも，旅行を計画する時に，旅行サイトにアクセスして，利用者の声や口コミでの評価などを見て宿を探すことが多いかと思います。

　今のクライアントの方に満足していただき，次のお客様のご紹介をいただけるようなサービスの提供を目指すことが，とても重要です。

　幸い私の事務所でも，今のお客様からさまざまなご紹介をいただけていますが，今まで以上にご紹介いただけるよう，襟を正してプロフェッショナルサービスの提供を目指していきたいと考えています。

初めての所員採用

　開業してからちょうど1年過ぎた頃から，クライアントの数も増加し，それに比例して業務量も増加してきたので，所員を採用することになりました。平成12年の9月のことです。

　この所員の採用というのも本当に人の縁で，いい人にめぐり会う時もあれば，同じように募集をかけてもなかなかいい人にめぐり会えないこともあります。

　開業直後のなんのネームバリューもない，駆け出し税理士事務所の小さな求人記事ではありましたが，随分と多くのご応募をいただき，その中から2名の方に来ていただくことになりました。1名は翌年の3月に大学を卒業するとい

うことでしたので，半年遅れの参加で来てもらうことになりました。

　2人とも税理士試験を目指して勉強中の身でしたが，事務所を支えてくれる有能なスタッフに育ってくれました（このうちの1人は無事税理士試験を突破し，晴れて税理士になりました。嬉しい限りです）。

　この頃は資金が乏しくあまり備品も買えなかったので，初めてのスタッフにもかかわらず，自宅から持ってきた木の折りたたみ椅子と，これも自宅で使っていた折りたたみ机で仕事をしてもらっていました。今のスタッフよりずっと劣悪な環境で仕事をしてもらったのに，本当によく頑張ってくれたと思います。

事務所の移転

　平成15年（2003年）5月に事務所を六本木ヒルズへ移転しました。開業したのが平成11年9月でしたので，3年9カ月目のことです。スタッフの数も5名に増え，事務所の経営も安定し始めたところです。六本木ヒルズといえばIT企業の事件で一躍有名になってしまいましたが，東京の大型再開発プロジェクトとして注目が集まっていた場所でした。

六本木ヒルズに移る

こういう超大型事業プロジェクトのスタートを，テナントとして観察し，経験するという機会はめったにありません。税理士という職業はクライアントの事業発展のためのアドバイスを業とする専門家ですので，まさに「百聞は一見にしかず」「実際に経験することが大切」の気持ちでこの地に事務所を移転しようと決めました。

もちろん，賃料は移転前よりさらに上昇しましたが，毎日ここで過ごすことにより，ビジネスでの人の流れ，商業施設での人の流れ，活気，店舗の入れ替え，働く人の顔つき，服装などの生の情報に，自分の感性で触れることができ，今後に活かせる大変貴重な経験になったと思っています。

事務所の再移転

その後，事務所がまた手狭になり，平成17年（2005年）1月に大手不動産会社が保有する千代田区の有楽町駅前にあるビルに移転しました。

この場所も，大きな再開発プロジェクトが多く進行している地域であり，街の移り変わりには目をみはるものがあります。人や物の流れの変化を肌で感じており，クライアントに提供できるような有用な情報を収集していきたいと考えています。

税理士法人化

私の事務所では，平成17年（2005年）1月より，従来の個人事務所から税理士法人として法人化しました。この税理士法人というのは，平成14年4月から設立が可能となった制度で，従来個人の一身専属であった税理士という制度を法人化することにより，1つの企業として永続的な組織へ変更することが可能となりました。

この税理士法人という制度が創設された背景には，租税制度がますます複雑化・高度化している中で，クライアントの要請に迅速に応えていくためには，個人形態ではなく，法人形態の組織が必要となってきたことがあります。

再び個人事務所へ

　平成 20 年 1 月から，再び事務所の形態を個人事務所へ戻すことにしました。その理由は，税理士業務の多様化に伴って，さまざまな経験を持った外部税理士との連携を図っていく機会が増加するにつれて，より柔軟な組織形態が必要になってきたことが大きな要因です。

　これは，弁護士業界でも同じような動きがあるのですが，1 つの屋号の下に，多数の専門弁護士が集まって業務を行うスタイルで，欧米でいうパートナーシップ形態に似ています。

　たとえば，税理士法人に所属する税理士が個人の立場で，単独で業務の依頼を受けたとします。現在のルールでは，税理士法人の税理士は，個人で税理士業務を行うことはできませんから，いったん税理士法人として業務を受けて，その成果は給料として分配する必要があります。

　また，他の税理士と連携したり，またその連携を途中で解消する場合にも，税理士法人の場合には，常に出資持分の評価と払込み，買取りという手続きが生じます。また，この出資持分は，相続ができますが，実際には，その相続人が税理士でなければ，税理士法人を引き継ぐことはできません。

　このようなことから，私の事務所では，欧米のパートナーシップ形態を指向して，いったん個人事務所形態に戻すことにしました。

　これも，他の税理士と連携できる機会に恵まれてきたからこそ生じたニーズですので，より良い組織形態を今後も検討し，クライアントの皆様にさらに満足していただけるサービスの追求をしていきたいと考えています。

第 **7** 章

税理士業界の将来性

　第 1 章でみたように，生産年齢人口の急速な減少に伴い，中小企業数が減少している動向から考えると，税理士業界もますますレッドオーシャン市場となり，厳しいと思われるかもしれません。

　この章では，さまざまなデータで税理士業界を分析したうえで，税理士業界の将来性について考えてみたいと思います。

近年，税理士試験の受験者数が大きく減少しています。まずは，税理士業界の現状について，できる限りデータ等を用いて分析したうえで，税理士業界の将来性について，考えてみたいと思います。

数字で分析する税理士業界

受験者数の推移（簿記論，財務諸表論，法人税法，固定資産税）

受験者数の推移

（単位：人）

	2012	2013	2014	2015	2016	2017	2018	2019	2020
簿記論	22,983	19,935	17,742	15,873	13,936	12,775	11,941	11,784	10,757
財務諸表論	18,246	16,137	13,372	12,202	11,420	10,924	8,817	9,268	8,568
法人税法	7,000	6,972	6,635	6,079	5,462	5,133	4,681	4,260	3,658
固定資産税	1,339	1,232	1,098	934	947	843	845	868	874

上記についてトレンドを見るために，2012年を1としてみると以下のようになります。

	2012	2013	2014	2015	2016	2017	2018	2019	2020
簿記論	1	0.87	0.77	0.69	0.61	0.56	0.52	0.51	0.47
財務諸表論	1	0.88	0.73	0.67	0.63	0.60	0.48	0.51	0.47
法人税法	1	1.00	0.95	0.87	0.78	0.73	0.67	0.61	0.52
固定資産税	1	0.92	0.82	0.70	0.71	0.63	0.63	0.65	0.65

これをグラフにしてみます。

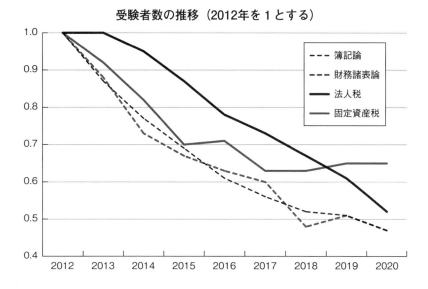

受験者数の推移（2012年を1とする）

凡例：
- ---- 簿記論
- ---- 財務諸表論
- —— 法人税
- —— 固定資産税

　このグラフからは，簿記論や財務諸表論の受験者数の減少率が，法人税法，固定資産税などの税法科目の受験者数の減少率よりも大きいことがわかります。税理士試験は，簿記論，財務諸表論から始めるのが一般的ですから，この業界を新規に目指す人が減少していると考えられます。一方，簿記論や財務諸表論を経て法人税等の税法科目の受験を継続している層の減少率は少なく，固定資産税については最終合格一歩手前の方々が受験しているため減少率が横ばいになっていると想定されます。

5科目合格時の年齢分布

　5科目合格により晴れて税理士試験を突破できた人の最終合格時の年齢分布を，2020年と10年前の2010年で比較してみます。

税理士試験最終合格者の年齢分布

（単位：人，%）

税理士試験年度	30歳以下	31歳～40歳	41歳以上	合計
令和2年度（2020）	139（21.5%）	262（40.4%）	247（38.1%）	648（100.0%）
平成22年度（2010）	269（26.9%）	511（51.2%）	219（21.9%）	999（100.0%）

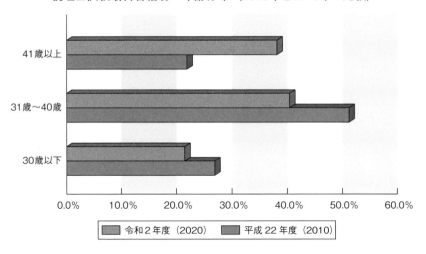

税理士試験最終合格者の年齢分布（2020年と2010年の比較）

　最終合格者の年齢構成のうち，41歳以上の割合は，2010年では約2割でしたが，2020年では約4割に増加しており，最終合格者の高年齢化が進んでいます。逆に，20歳代での最終合格者の割合は，5.4%ほど減少しています。

５科目合格者数と合格率の推移

５科目合格者数と総受験者数に対する合格率の推移は以下となっています。

５科目合格者数と合格率の推移

（単位：人）

	2012	2013	2014	2015	2016	2017	2018	2019	2020
受験者数	48,123	45,337	41,031	38,175	35,589	32,924	30,850	29,779	26,673
税理士５科目合格者数	1,104	905	910	835	756	7.95	672	749	648
合格率（／総受験者数）	2.3%	2.0%	2.2%	2.2%	2.1%	2.4%	2.2%	2.5%	2.4%

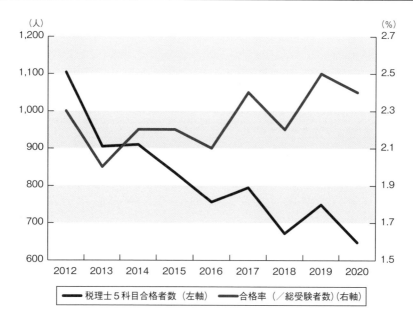

　５科目最終合格者数は，2020年は648人と，2012年に比して約４割減少していますが，総受験者数も減少しているため，総受験者数に対する合格率は２％台前半とほぼ一定です。

税理士数の推移

それでは，税理士の数の推移はどうなっているでしょうか？ 税理士制度は，昭和17年（1942年）の税務代理士制度をベースにして，昭和26年（1951年）の税理士法の制定によりスタートしています。税理士の数の推移は，国税庁等で公表されており，以下のように推移しています。

（筆者予測）
◀━ 実績│予測 ━▶

西暦	1965	1970	1975	1980	1985	1990	1995	2000	2005	2010	2015	2020	2025	2030	2040	2050	2060
税理士登録者数の推移	15,827	24,024	32,436	40,535	47,342	57,073	62,550	65,144	69,243	72,039	75,643	79,243	82,843	86,443	88,243	88,243	88,243
増減差異		8,197	8,412	8,099	6,807	9,731	5,477	2,594	4,099	2,796	3,604	3,600	3,600	3,600	1,800	0	0

最近の実績では，毎年700人前後，5年間で3,600人前後で税理士の登録者数は純増していることがわかります。この純増数の内訳は，新規登録者増加数と事務所廃業等による減少数で構成されており，毎年の新規登録者数は3,000人を少し下回る水準で推移しています。

税理士試験の5科目合格者数は700人前後ですから，それ以外は，税理士法第7条および第8条による税理士試験免除者と公認会計士による登録，税理士法第51条による弁護士による新規登録者により構成されていることになります。

今後の税理士数の予測ですが，仮に，向こう10年間（2020年から2030年）は現在と同様の増加数とし，次の10年間（2030年から2040年）については，生産年齢人口の減少の影響で，現在の50％の増加，それ以後は，新規登録者数と抹消数は同数として増減なしとすると，88,000人くらいがピークとなります。

税理士の年齢，男女構成比

日本税理士会連合会のホームページに公表されている「データでみる税理士のリアル」では，平成 26 年 1 月 1 日の実態調査ベースでの税理士登録者数の年齢構成比は下の表のようになっているので，この構成比で，直近の令和元年登録者数の年齢分布を推定すると下記のグラフのようになります。

	20 歳代	30 歳代	40 歳代	50 歳代	60 歳代	70 歳代	80 歳代	合計
構成比	0.6%	10.3%	17.1%	17.8%	30.1%	13.3%	10.4%	99.6%
構成人数	473	8,116	13,474	14,026	23,717	10,480	8,195	78,795

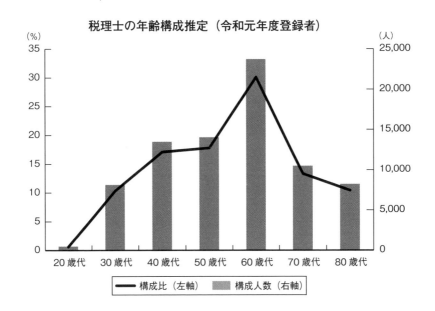

税理士の年齢構成推定（令和元年度登録者）

年齢構成では，60 歳代が最も多く，20 歳代，30 歳代の税理士数が極端に少ないことがわかります。

また，男女の構成比ですが，男性が 85.6％，女性が 14.4％となっています。

税理士業界の将来性

　現在の税理士業界をデータで見てみると，以下のような特徴があります。

- 税理士登録数は毎年 700 人くらい増加をしている。
- 60 歳代が最も多く，業界全体が高齢化している。

　第 1 章でみたように，生産年齢人口の急速な減少に伴い，中小企業数が減少している動向から考えると，税理士業界は，ますますレッドオーシャンの市場と言えるかもしれません。しかし冷静に考えると，向こう 40 年間で総人口が 30% 近く減少する日本では，すべての業界が今後レッドオーシャン市場となり，新しい経営ビジョンを打ち立てなければ，生き残れないわけです。

　既存のやり方では通じない世の中が目前に迫っているにもかかわらず，それに対応して新しいビジョンを提案できている企業は，まだごく少数です。中小企業に対して，人口減少社会でも勝ち残っていける新しい経営ビジョンを提案することが，これからの税理士のミッションであると，第 1 章で申し上げました。この新しいビジョンを見つけるには，若い感性と技術力，行動力が大きな武器になるはずです。このように考えると，現在の税理士業界では，20 歳代，30 歳代が極端に少ないため，そこに大きなチャンスが見えます。

　また，AI や DX（デジタルトランスフォーメーション）などを組み合わせた新しい技術の応用はまさにこれからです。

　レッドオーシャンかどうかは，今までの仕事の範囲から眺めた話です。税理士として中小企業に新しいビジョンを提案できる人材は全く足りないというのが実感です。

　是非，多くの若い方々にこの業界に集っていただき，中小企業の新しいビジネスモデル構築のさきがけとなって活躍していただきたいと思っています。

結論として心配は全然いらない

　本書ではさまざまな角度から税理士という仕事を紹介してきましたが，結論として税理士業界の今後は明るいのか？　と聞かれれば，変化にすばやく対応して新しいチャレンジを続けていけば，とても明るいですよと答えることができると思います。

　これから，中小企業のサポートを行う新しい仕組みがどんどん整備されていくと思います。この仕組みの担い手として，税理士ほどいいポジションにいる専門家はいません。

　今，税理士が，世の中からすごく期待されているなというのが正直な実感です。しかし，この期待に対して，私たち税理士1人ひとりが前向きに取り組んで，世の中の期待に応えることができなければ，「なんだ。税理士さんは，やっぱり税務申告以上のことは苦手なんだ」と思われ，「せっかく，税理士さんにチャンスをあげたのに，やってくれないのなら，他の人にお願いしよう」ということになりかねません。期待は，いとも簡単に失望に変わってしまいます。ですから，1人ひとりの税理士が「今まで，やったことがないけれど，世の中が求めていることなら，挑戦してみよう」と取り組んで，結果を出していくことが求められています。新しいことにチャレンジすることによって，自分の専門分野を広げることもできますし，その働きによって，多くの中小企業が発展できるチャンスをつかめるかもしれないのです。

　どうですか？　「税理士業界も大変なんだな」と思われた方や，「なんかすごくレベルの高い感じがして，私にはとてもとても」としりごみしそうな方もいらっしゃるかもしれません。もちろん，最初はみんなアマチュアからスタートするのですから，できなくて当たり前です。でも，少しでも，「なんかおもしろそうだな」と感じるところがあれば，是非一度チャレンジしてみることを検討してほしいと思います。

　いろいろな制度が，これから大きく変わっていくと思います。制度が変更されるということは，未開拓の分野が多く出てくるということですし，制度がど

んどん複雑化するということは，今後自分の専門分野を定め，その専門性を高めることにより，今までとは違った形でのビジネスが展開できるチャンスがぐっと広がることになります。

　つまり，やる気と工夫しだいで，今までとは違ったことにチャレンジしたり，経験できる可能性が多くある，まさにこれからがおもしろい，若い業界なのが税理士業界だ！　といってよいと思います。

　最後に，これから税理士を目指そうとしている人も，今試験勉強で頑張っている人も，1日も早く気合で試験を突破して，この業界で一緒に能力を発揮できる日がくることを心待ちにしています。

主要専門学校一覧

学校名	開催校
資格の大原グループ	札幌，盛岡，仙台，山形，水道橋，池袋，早稲田，立川，町田，横浜，千葉，柏，大宮，水戸，宇都宮，高崎，甲府，長野，新潟，金沢，福井，富山，名古屋，岐阜，津，浜松，静岡，新大阪，難波，神戸，京都，和歌山，姫路，岡山，広島，愛媛，福岡，小倉，大分，熊本，宮崎，沖縄
https://www.o-hara.ac.jp/	
TAC	札幌，仙台，大宮，津田沼，水道橋，新宿，早稲田，池袋，渋谷，八重洲，立川，中大駅前，町田，横浜，日吉，名古屋，京都，梅田，なんば，神戸，広島，福岡
https://www.tac-school.co.jp/	
東京ITプログラミング＆会計専門学校（学校法人立志舎グループ）	錦糸町，杉並校，横浜校，大宮校，千葉校，大阪梅田校，天王寺校，京都校，名古屋校，仙台校
https://www.tokyo-itkaikei.ac.jp/	
東京CPA会計学院	東京本校（中野本校），オンライン講座
https://www.cpa-net.ac.jp/seeminar/schoolinfo.html	
LEC東京リーガルマインド	札幌，仙台，水道橋，池袋，新宿エルタワー，早稲田，渋谷，立川，中野，町田，横浜，千葉，大宮，富山，静岡，名古屋駅前，梅田駅前，EYE大阪，難波駅前，京都駅前，京都，EYE京都，神戸，岡山，広島，山口，高松，松山，福岡，那覇
https://www.lec-jp.com/	

＊令和3年1月調べ

＊提携校は含まれません。

講座内容などの詳細，在宅学習制度や通信教育制度については各校にお問い合わせください。

■令和２年度（第70回）税理士試験結果（試験地別）

(単位：人，%)

区分 / 試験地	受験申込者数	受験者数（A）	受験率	延受験申込者数	延受験者数	受験率	5科目到達者数	一部科目合格者数	合格者数合計（B）	合格率（B/A）
	（実人員）	（実人員）					（実人員）	（実人員）	（実人員）	
北海道	904	691	76.4	1,417	938	66.2	23	97	120	17.4
宮城県	1,255	954	76.0	1,943	1,304	67.1	23	131	154	16.1
埼玉県	1,493	1,130	75.7	2,330	1,567	67.3	28	192	220	19.5
群馬県	891	659	74.0	1,334	924	69.3	6	124	130	19.7
東京都	3,624	2,705	74.6	7,092	4,644	65.5	9	651	660	24.4
千葉県	7,218	5,512	76.4	12,246	7,833	64.0	235	885	1,120	20.3
神奈川県	4,559	3,277	71.9	4,804	3,436	71.5	56	594	650	19.8
石川県	718	542	75.5	1,099	758	69.0	12	102	114	21.0
愛知県	3,117	2,385	76.5	4,680	3,278	70.0	45	479	524	22.0
大阪府	6,393	5,062	79.2	9,665	6,922	71.6	148	904	1,052	20.8
広島県	966	736	76.2	1,516	1,021	67.3	13	124	137	18.6
香川県	839	651	77.6	1,277	890	69.7	14	112	126	19.4
福岡県	2,004	1,473	73.5	3,078	2,052	66.7	24	210	234	15.9
熊本県	811	616	76.0	1,290	889	68.9	9	105	114	18.5
沖縄県	343	280	81.6	530	389	73.4	3	44	47	16.8
合計	35,135	(6,703) 26,673	75.9	54,301	36,845	67.9	(158) 648	(1,385) 4,754	(1,543) 5,402	20.3
元年度合計	36,701	(7,767) 29,779	81.1	58,880	41,158	73.7	(206) 749	(1,295) 4,639	(1,501) 5,388	18.1

（注）合計欄の括弧書は内書で女性数を示す。

■令和２年度（第70回）税理士試験結果（学歴別）

区分		受験者数	合格者数等			合格率
学歴区分		(A)	5科目到達者数	一部科目合格者数	合格者数合計 (B)	(B/A)
学歴別		(実人員)	(実人員)	(実人員)	(実人員)	(%)
	大学卒	20,166	509	3,387	3,896	19.3
	大学在学中	1,143	2	371	373	32.6
	短大・旧専卒	676	13	104	117	17.3
	専門学校卒	2,409	72	333	405	16.8
	高校・旧中卒	1,912	38	418	456	23.8
	その他	367	14	141	155	42.2
合計		26,673	648	4,754	5,402	20.3

■令和２年度（第70回）税理士試験結果（年齢別）

区分		受験者数	合格者数等			合格率
年齢区分		(A)	5科目到達者数	一部科目合格者数	合格者数合計 (B)	(B/A)
年齢別		(実人員)	(実人員)	(実人員)	(実人員)	(%)
	41歳以上	10,105	247	1,087	1,334	13.2
	36〜40歳	4,343	136	696	832	19.2
	31〜35歳	4,619	126	876	1,002	21.7
	26〜30歳	3,890	96	881	977	25.1
	25歳以下	3,716	43	1,214	1,257	33.8
合計		26,673	648	4,754	5,402	20.3

■令和2年度（第70回）税理士試験結果（科目別）

区分　科目	受験者数	合格者数	令和2年度合格率（%）	（参考）令和元年度合格率（%）
簿記論	10,757	2,429	22.6	17.4
財務諸表論	8,568	1,630	19.0	18.9
所得税法	1,437	173	12.0	12.8
法人税法	3,658	588	16.1	14.7
相続税法	2,499	264	10.6	11.7
消費税法	6,261	782	12.5	11.9
酒税法	446	62	13.9	12.4
国税徴収法	1,629	198	12.2	12.7
住民税	381	69	18.1	19.0
事業税	335	44	13.1	14.8
固定資産税	874	118	13.5	13.7
合計（延人員）	36,845	6,357	17.3	15.5

【事務所紹介】

湊 税理士事務所

税理士5名を中心に総勢10名で，個人事業主から従業員数千人の会社まで幅広く金融機関での勤務経験を生かした資金調達支援や相続対策，創業支援，対内・対外進出支援，事業承継対策などさまざまな高度なサービスを提供している。

税理士 湊 義和

主な著書

『所得税ハンドブック』（日本税理士会連合会編）中央経済社
『事例で学ぶ生前贈与の法務リスクと税務リスク』（共著）大蔵財務協会
『事業承継対策の法務と税務』（共著）日本法令

湊 税理士事務所
〒100-0004　東京都千代田区大手町 2-2-1　新大手町ビル新館 2F
　　　　TEL 03 (5299) 9111　FAX 03 (5299) 9112
URL：https://minato-bestpilot.co.jp
E-mail：office@minato-bestpilot.co.jp

【著者紹介】

湊　義和（みなと　よしかず）

昭和 60 年 3 月	慶應義塾大学経済学部卒業。
昭和 60 年 4 月	国民生活金融公庫（現日本政策金融公庫）に入庫。支店，米国留学，本店総務部等を経て，税理士事務所へ転職。
平成 8 年 3 月	税理士登録。
平成 11 年 9 月	湊 税理士事務所として独立開業。
令和 5 年 1 月	ベストパイロット税理士法人に組織変更し，代表社員に就任。東京税理士会中小企業対策部副部長等を経て，現在，東京税理士会会員相談室相談委員，日本税務会計学会法律部門副学会長

こんなにおもしろい
税理士の仕事（第4版）

2007 年 9 月 10 日	第 1 版第 1 刷発行
2009 年 7 月 1 日	第 1 版第 9 刷発行
2011 年 3 月 20 日	第 2 版第 1 刷発行
2012 年 1 月 15 日	第 2 版第 3 刷発行
2014 年 9 月 1 日	第 3 版第 1 刷発行
2017 年 12 月 15 日	第 3 版第 4 刷発行
2021 年 6 月 15 日	第 4 版第 1 刷発行
2024 年 4 月 25 日	第 4 版第 2 刷発行

著 者	湊　　　　義　　和
発行者	山　本　　　継
発行所	㈱中 央 経 済 社
発売元	㈱中央経済グループパブリッシング

〒101-0051　東京都千代田区神田神保町 1 - 35
電　話　03 (3293) 3371（編集代表）
　　　　03 (3293) 3381（営業代表）
https://www.chuokeizai.co.jp
製　版／㈲ イ・アール・シー
印　刷／文唱堂印刷㈱
製　本／誠　製　本　㈱

©2021
Printed in Japan

※頁の「欠落」や「順序違い」などがありましたらお取り替えいたしますので発売元までご送付ください。（送料小社負担）
ISBN 978-4-502-38721-0　C2334

JCOPY〈出版者著作権管理機構委託出版物〉本書を無断で複写複製（コピー）することは，著作権法上の例外を除き，禁じられています。本書をコピーされる場合は事前に出版者著作権管理機構（JCOPY）の許諾を受けてください。
JCOPY〈https://www.jcopy.or.jp　e メール：info@jcopy.or.jp〉

中央経済社の本

好評
既刊!

こんなにおもしろい仕事シリーズ

こんなにおもしろい
司法書士の仕事

山本 浩司
YUKIJI Yamamoto

第9版

あなたも
最後のフロンティア
司法書士に
挑戦してみませんか

司法書士試験のカリスマ講師
山本浩司の最新版!!

中央経済社

山本浩司［著］
定価 本体 1,800 円＋税

こんなにおもしろい
社会保険労務士の仕事 第2版

田中 実
MINORU Tanaka

厳しい時代だからこそできた!
**新たな仕組みと
工夫で大きな
成功をつかむ!**
——他の誰もが通っていない路を創った

中央経済社　定価 本体 0,000 円＋税

田中 実［著］
定価 本体 1,850 円＋税

こんなにおもしろい
宅地建物取引士の仕事 第2版

山瀬 和彦
KAZUHIKO Yamase

**2020東京オリンピックを控え
変貌する都心から
最新の不動産業界・
「宅建」資格の動向**までを
さらに取得後の生活まで、この一冊で解説!

中央経済社　●定価 本体 0,000 円＋税

山瀬和彦［著］
定価 本体 1,800 円＋税

こんなにおもしろい
中小企業診断士の仕事 第4版

建宮 努
TSUTOMU Tatemiya

意外と大企業の中枢で取得者が
多い資格です
**ビジネスをコントロール
するポジションを目指す
方に最適な資格!**

中央経済社　定価 本体 0,000 円＋税

建宮 努［著］
定価 本体 1,980 円＋税

定価変更の場合はご了承ください。